PSICOLOGIA E DESENVOLVIMENTO HUMANO

Dados Internacionais de Catalogação na Publicação (CIP)
(Câmara Brasileira do Livro, SP, Brasil)

Quadros, Emérico Arnaldo de
    Psicologia e desenvolvimento humano / Emérico Arnaldo de Quadros. – Petrópolis, RJ : Vozes, 2017.
    Bibliografia

    4ª reimpressão, 2025.

    ISBN 978-85-326-5445-8

    1. Comportamento (Psicologia) 2. Desenvolvimento humano 3. Psicanálise 4. Psicologia – História 5. Psicologia do desenvolvimento I. Título.

17-02305   CDD-155

Índices para catálogo sistemático:
    1. Desenvolvimento humano : Psicologia   155

EMÉRICO ARNALDO DE QUADROS

PSICOLOGIA E DESENVOLVIMENTO HUMANO

Petrópolis

© 2017, Editora Vozes Ltda.
Rua Frei Luís, 100
25689-900 Petrópolis, RJ
www.vozes.com.br
Brasil

Todos os direitos reservados. Nenhuma parte desta obra poderá ser reproduzida ou transmitida por qualquer forma e/ou quaisquer meios (eletrônico ou mecânico, incluindo fotocópia e gravação) ou arquivada em qualquer sistema ou banco de dados sem permissão escrita da editora.

CONSELHO EDITORIAL

Diretor
Volney J. Berkenbrock

Editores
Aline dos Santos Carneiro
Edrian Josué Pasini
Marilac Loraine Oleniki
Welder Lancieri Marchini

Conselheiros
Elói Dionísio Piva
Francisco Morás
Gilberto Gonçalves Garcia
Ludovico Garmus
Teobaldo Heidemann

Secretário executivo
Leonardo A.R.T. dos Santos

PRODUÇÃO EDITORIAL

Aline L.R. de Barros
Jailson Scota
Marcelo Telles
Mirela de Oliveira
Natália França
Otaviano M. Cunha
Priscilla A.F. Alves
Rafael de Oliveira
Samuel Rezende
Vanessa Luz
Verônica M. Guedes

Editoração: Maria da Conceição B. de Sousa
Diagramação: Sheilandre Desenv. Gráfico
Revisão gráfica: Nilton Braz da Rocha
Capa: Redz – Estúdio de Design

ISBN 978-85-326-5445-8

Este livro foi composto e impresso pela Editora Vozes Ltda.

Sumário

1 História da psicologia, 7

2 Infância e relacionamentos na atualidade, 25

3 Adolescência e relacionamentos na atualidade, 49

4 Terceira idade, 73

5 O desenvolvimento humano: psicanálise, 87

6 Jean Piaget: o desenvolvimento, 115

7 Vygotsky e o desenvolvimento na perspectiva histórico-cultural, 137

8 O modelo comportamental: behaviorismo, 155

Referências, 169

1
História da psicologia

O processo de tornar a Psicologia uma ciência foi bastante moroso, tendo início a partir das ideias de Descartes sobre a investigação humana, nas quais considera o comportamento sujeito a leis naturais e concretas e, dessa forma, passível de observação empírica; no entanto, foi apenas três séculos depois que a psicologia adquiriu *status* de ciência, a partir de Wundt. A palavra psicologia deriva-se da junção de duas palavras gregas: *psiché* (mente ou alma) e *logos* (estudo), significando então estudo da mente ou alma (CASTRO, 1999). Davidoff (2001) aponta que, hoje, a Psicologia é definida geralmente como a ciência que se concentra no estudo do comportamento e nos processos mentais – de todos os animais.

A psicologia clínica

A psicologia vive em permanente estado de uma perene crise desde o momento de seu surgimento oficial com o primeiro laboratório de psicologia inaugurado por Wundt em Leipzig, na Alemanha, em 1879, pois, 20 anos após, já se questionava o dualismo inicial da psicologia. Os psicólogos rapidamente se organizaram como uma comunidade científica para poderem conclamar que faziam ciência. Segundo Palácio, Duran, Restrepo, Salazar, Sierra e Schnitter (2007), que fizeram um trabalho de investigação teórico-histórica de tipo documental, as propostas alternativas e marginais sobre o objeto e método da psicologia são as que puderam ser corroboradas no contexto da psicoterapia; uma vez realizada uma busca pela história não oficial da psicologia, as particularidades da clínica psicológica foram emergindo em contraponto com a terapia como forma de intervenção derivada das teorizações de uma psicologia clínica procedente do método médico-científico.

Antes das duas grandes guerras do século passado, dizem Duran et al. (2007), os psicólogos clínicos dedicavam-se à avaliação psicológica de crianças com dificuldades escolares e pacientes psiquiátricos internados em hospitais. A Primeira Guerra Mundial teve grande importância para o desenvolvimento da clínica, pois foi onde houve um incremento do desenvolvimento da especialidade de diagnóstico de adultos não hospitalizados, sendo que o exército dos Estados Unidos rapidamente capacitou psicólogos de todas as tendências para aplicar testes, para avaliar o nível intelectual, atitudes, estabilidade emocional e descobrir as desordens emocionais em seus recrutas.

O compromisso dos psicólogos clínicos na Segunda Guerra Mundial foi muito mais importante do que na Primeira, segundo Duran et al. (2007), pois 1.500 psicólogos serviram na segunda grande guerra. Em 1944, vinte milhões de militares e civis foram submetidos a cerca de sessenta milhões de provas psicológicas. Já em 1940 havia mais de 500 tipos de testes, sendo que foi necessário um *Mental Measurement Yearkbook* para catalogá-las e o desenvolvimento, a aplicação e avaliação destes instrumentos seguiram estimulando o diagnóstico e investigação por parte dos psicólogos clínicos.

A aplicação de testes começou a ser um negócio (estendeu-se a indústrias, além da clínica). De acordo com Duran et al. (2007), os psicólogos clínicos, além de aplicar testes, tiveram que fazer entrevistas, escrever informes psicológicos e, devido ao enorme número de transtornos psicológicos, durante e depois da guerra, começaram a realizar terapia, paradoxalmente psicanalítica. Tal fato põe em evidência que os psicólogos clínicos não estavam capacitados para fazer intervenções psicoterapêuticas, pois para ser psicólogo clínico durante a participação nas guerras (aplicando testes mentais) dos Estados Unidos só havia necessidade de fazer cursos de aplicação de testes, de psicologia anormal (psicopatologia), e talvez algo de desenvolvimento infantil, além de ter interesse por gente. Os psicólogos clínicos, apesar de estarem catalogados como profissionais, eram vistos como profissionais de segunda classe, e confundidos com técnicos de aplicação de testes, recebiam pouca ajuda das universidades e da APA (American Psychological Association), que não se preocupava em melhorar sua imagem.

O descontentamento dos psicólogos clínicos, de acordo com Duran et al. (2007), explode em 1937, quando os profissionais de psicologia clínica separam-se da APA e fundam uma associação, a American Association of Applied Psychology (AAAP), que perdura por oito anos, sendo então reincorporada à APA, havendo saído dos hospitais e prisões, onde inicialmente o clínico trabalhava, e passa então a trabalhar com crianças e adultos. Uma comissão da APA, formada por David Sakov, cria as bases da formação do psicólogo clínico a partir de então. A partir de 1939 a APA autoriza então aos psicólogos o exercício da psicoterapia, que era exercida até então por psiquiatras que na sua grande maioria tinham formação filosófica, fenomenológica e psicanalítica.

Com a crise financeira americana de 1929 e na posterior retomada de crescimento com a "economia de guerra" no *New Deal*, o papel da psicologia passa também a ser valorizado, de acordo com Duran et al. (2007), onde era requerida a utilização de uma psicologia completa, diversificada, que enfrentaria problemas muito concretos e ao mesmo tempo muito diversificados. A imigração de intelectuais europeus judeus organizou a nova cultura norte-americana no pós-guerra. Os psicoterapeutas, desiludidos com as ingenuidades do modelo biológico das enfermidades mentais, exploram novas propostas alternativas, algumas que haviam sido esquecidas, outras desconhecidas e/ou atacadas por serem subjetivas, e começam a implementar outro tipo de práticas e perguntar-se sobre o sentido dos sintomas e da doença mental, introduzindo uma concepção alternativa sobre o sofrimento e a doença humanos, definindo o essencial do psíquico como as relações interpessoais. Desde então a relação com o paciente se converteu em ponto de partida para o desenvolvimento da pesquisa clínica.

A Psicologia: uma ciência iniciante

No que diz respeito à Psicologia enquanto ciência, Farr (2004) aponta que a Psicologia surgiu como uma disciplina específica na Alemanha durante a segunda metade do século XIX. Atribui-se a Wundt o título de fundador da psicologia experimental. O texto de Wundt – *Fundamentos de psicologia física* –, publicado em 1873-1874, é provavelmente o texto fundante da psicologia, tendo Wundt criado também um laboratório de psicologia em Leipzig em 1879. Wundt escreveu, e isso não é tão conhecido pelas pessoas que trabalham na área, dez volumes de psicologia social (a *wölkerpsychologie*), entre 1900 e 1920.

O contexto histórico do surgimento da psicologia é interessante, pois se deve a Humboldt a criação da universidade moderna. A universidade medieval preparava seus alunos para as antigas profissões de "medicina, direito e Igreja". Quando Humboldt restabelece a Universidade de Berlim em 1809 coloca como elemento novo na questão universitária a pesquisa, sendo possível então, pela primeira vez, conseguir graduar-se apenas através da pesquisa.

Farr (2004) distingue a situação das diferentes visões de ciência à época, sendo que a grande divisão que acontecia era entre as ciências naturais (principalmente na Inglaterra) de um lado e ciências humanas e sociais de outro (principalmente Alemanha). Sendo que Wundt acaba separando a psicologia experimental (ciências naturais) de sua psicologia social (ciências humanas). A crença de Wundt de que a ciência (experimental) que ele havia fundado em Leipzig era um projeto limitado, conduziu-o a um repúdio pela geração mais jovem de psicólogos experimentais, alguns dos quais foram treinados inclusive por ele mesmo. A geração mais jovem não perdoava o fundador de sua disciplina por ter afirmado que a psicologia era apenas na sua maior parte um ramo das ciências naturais. Já Wundt afirmava que os processos mentais mais profundos não eram passíveis de estudo de forma experimental. Então, para eles, a pele forma um limite distinto entre o objeto de estudo, o indivíduo e o ambiente desse indivíduo. Sendo que a substituição da psique pelo organismo foi um passo inicial importante no processo de se considerar a psicologia inteira como um ramo das ciências naturais. Tal fato marca também a transição da filosofia para a biologia como matriz ou disciplina mãe para a psicologia.

Farr (2004) descreve que, nos Estados Unidos, o mesmo processo tomou uma direção um pouco diferente. Watson proclama que a Psicologia era inclusa totalmente no ramo das ciências naturais ao declará-la como ciência do comportamento. O comportamento possui uma vantagem sobre a mente por ser totalmente visível. Para tornar a psicologia uma ciência "respeitável", Watson propõe que os psicólogos devam usar métodos objetivos e estudar comportamentos observáveis, surgindo, a partir de 1912, quando Watson começa a divulgar suas ideias, o behaviorismo.

Davidoff (2001) alega que os behavioristas aceitaram as seguintes ideias:

1) Os psicólogos devem estudar os eventos ambientais (estímulos) e os comportamentos observáveis (respostas). Aprender pela experiência é a principal influência sobre o comportamento e um tópico central de investigação.

2) A introspecção deve ser substituída por métodos objetivos (experimentação, observação).

3) O comportamento de animais não humanos deve ser investigado paralelamente ao comportamento humano porque os organismos simples são mais fáceis de estudar e entender do que os complexos.

4) Os psicólogos devem voltar-se para objetivos científicos; descrição, explicação, predição e controle. Devem também desempenhar tarefas práticas como aconselhamento de parentes, legisladores, educadores, homens de negócio.

Como pode se observar pelo dito acima, Watson busca um caminho pragmatista para a psicologia, tanto em seus métodos quanto em suas aplicações. Atualmente a perspectiva behaviorista é muito mais flexível que na época de Watson. Os behavioristas atuais ainda investigam estímulos, respostas observáveis e aprendizagem, mas também estudam cada vez mais complicados fenômenos que não podem ser observados diretamente – por exemplo, amor, estresse, empatia, sexualidade. As principais características do behaviorismo moderno são seu forte envolvimento com a formulação de perguntas precisas e claras e o uso de métodos objetivos na condução de pesquisas cuidadosas (DAVIDOFF, 2004, p. 13).

Lazarus (1999) expressa que a psicologia na primeira metade do século XX teve como metateoria dominante o condutivismo radical (behaviorismo), cujo embasamento filosófico era o positivismo, tendo como ponto inicial o operacionalismo, que é uma doutrina que trata de definir os acontecimentos tendo como base a informação derivada dos órgãos dos sentidos. No mesmo texto, Lazarus defende que na segunda metade do século XX a psicologia se volta para uma perspectiva mais subjetiva, principalmente em relação ao estresse e mais recentemente a Teoria das Emoções, que se centram no modo como as pessoas dão valores às circunstâncias de sua vida.

Na década de 1970, segundo Davidoff (2001), grande número de psicólogos insistiu que a forma como a mente opera deve ser valorizada, contrariando as ideias behavioristas. Tais psicólogos, conhecidos como cognitivistas, têm predominância na psicologia contemporânea. Suas principais premissas são:

1) Os psicólogos devem concentrar-se em processos, estruturas e funções mentais. É a mente que dá ao comportamento seu caráter definitivamente humano.

2) A psicologia deve ter como objetivo o conhecimento e aplicações práticas. (Se, p. ex., entende-se mais da memória, pode-se ensinar melhor ou melhorar o ensino.)

3) A auto-observação, ou introspecção, e os autorrelatos são úteis. No entanto há uma tendência para métodos objetivos.

Como pode ser visto no que foi dito até aqui, no que diz respeito à psicologia e à ciência, Dazinger (1990) indica que a personalidade, a cultura e os fatores históricos desempenham papéis importantes na elaboração e aceitação das teorias psicológicas, já que a produção depende do contexto social e cultural em que o pesquisador trabalha. A metodologia empregada pelo pesquisador estará, portanto, vinculada à sua história pessoal e história de seu tempo. Dazinger, no mesmo texto, vai apontar o fetichismo do método que ele chamará de "metodolatria", pois muitas vezes se priorizará o método de pesquisa sem levar em consideração que a atividade humana é governada pelas circunstâncias. Não só o pesquisador sofre influências da área social à sua volta, mas da comunidade científica em que está inserido.

Psicologia e personalidade

Um grande campo de estudos dentro da psicologia é a personalidade. Craik (1986) diz que o advento, a partir de 1980, do *Journal of Personality and Social Psychology* coincide com a revitalização do campo de estudos da personalidade; a partir de 1980 se restabelece a autonomia e reconhecimento da área. Ele identifica os principais métodos de estudo, embora exista uma crítica de Dazinger, como visto acima, à questão do método pelo método (metodolatria), no que diz respeito à personalidade humana. Temos então, segundo Craik:

1) O método biográfico: muito utilizado no início da psicologia até meados da década de 1940, sendo retomado a partir dos anos de 1980. Onde se utilizam histórias de vida e faz-se uso de documentos pessoais do caso estudado. Um exemplo são os estudos feitos sobre a personalidade de pessoas que são líderes políticos e figuras históricas. É interessante pensar que quando Freud trabalha

com a paranoia, no caso Schereber, é um trabalho feito sobre uma publicação que Schereber havia feito sobre sua biografia.

2) O campo de estudos: método muito utilizado também desde o início da psicologia até meados da década de 1940, sendo retomado no início dos anos de 1970. Estuda a pessoa na situação ambiental em que vive. Existem estudos observacionais sobre a introversão-extroversão, e experimentos naturalísticos das características educacionais. É retomado atualmente como psicologia ecológica.

3) Método de laboratório: utilizado pela psicologia desde seu início até o presente momento, tendo, inclusive, um incremento no seu uso a partir de 1980. Os estudos de laboratório enfatizam a dinâmica da ação. Vários estudos foram feitos sobre a ansiedade, o estresse e a comunicação de afetos.

4) Observação naturalística: muito utilizada no início da psicologia até meados da década de 1920, após o que deixou-se de utilizá-la. Usava a rede de relacionamentos da pessoa, principalmente os familiares.

5) Juízes observadores: método utilizado desde o início da psicologia até o momento atual. Utilizam-se mais de um observador treinados especificamente para perceberem determinadas nuanças de comportamento. Existem muitas pesquisas sobre a linguagem que utilizaram este método.

6) Escalas de personalidade e inventários: são artifícios muito utilizados para pesquisa em psicologia desde seus primórdios até o momento presente, tendo havido um incremento da utilização deste tipo de técnica em meados dos anos de 1930 até o presente, tendo atualmente

grande ênfase a utilização de *self-reports* (autoquestionários ou autorregistros).

7) Técnicas projetivas: aparecem com Jung e o teste de associação de palavras de Rorschach, tendo sido elaborados vários testes projetivos que vêm sendo utilizados por clínicos até o presente momento.

Craik (1986) enfatiza que atualmente é também bastante utilizado o método pluralístico, onde se tem a combinação de duas ou mais técnicas descritas acima.

A visão fenomenológica existencial

Por volta da década de 1970, outra grande vertente de pensamento advém à psicologia: a visão humanista. A maioria dos psicólogos humanistas adere à filosofia europeia chamada fenomenologia, segundo a qual as pessoas veem o mundo de sua própria e única perspectiva. Em outras palavras, a interpretação subjetiva é central à atividade humana e não pode ser ignorada. Os humanistas partilham as seguintes ideias, segundo Davidoff (2001):

1) Embora os psicólogos devam obter conhecimento, sua maior preocupação deve estar no oferecimento de seus serviços, de sua prática. Os humanistas desejam expandir e enriquecer a vida humana ajudando as pessoas a entender a si próprias e a se desenvolver ao máximo.

2) Os psicólogos devem estudar o ser humano vivo como um todo. Compartimentar pessoas por funções como percepção, aprendizagem e motivação não geram informações substanciais.

3) Problemas humanos significativos devem ser objeto de investigações psicológicas. Dentre os interesses humanis-

tas estão responsabilidade, objetivos de vida, compromisso, satisfação, criatividade, solidão e espontaneidade.

4) Psicólogos, psicanalistas, behavioristas e cognitivistas buscam descobrir as leis gerais do funcionamento que se aplicam a todos. Os humanistas enfatizam o individual, o excepcional e o imprevisível.

5) Métodos de estudo são secundários aos problemas estudados. De todos os psicólogos, são os humanistas os que usam a mais ampla gama de pesquisa – desde técnicas científicas relativamente objetivas até subjetivas, como a introspecção e análise de literatura. Os psicólogos humanistas consideram a intuição como uma fonte de informação válida. Os estudos ditos qualitativos são muito empregados pelos humanistas.

Gonzáles Rey (2003) diz que os autores humanistas usam diferentes construções teóricas sobre o homem para se expressar "apoiadas em sistemas de categorias também diferentes de fato; cada autor humanista nos apresenta uma teoria própria sobre problemas concretos nos quais trabalha" (GONZALES REY, p. 59). Ao situar o sujeito para os humanistas, o autor diz que é um sujeito capaz de autodeterminar-se, autorrealizar-se, autoatualizar-se etc., ou seja, o sujeito tem a capacidade para atuar seguindo convicções pessoais que geram subjetivação. O humanismo trata a todo o momento de evitar interpretações universais.

Alguns teóricos de expressão no humanismo foram: Rogers, Maslow, Perls, Rollo May.

A psicanálise
Embora Freud nunca tenha se arvorado em ser psicólogo, parece que a psicologia imiscuiu-se na psicanálise e muitos

dos conceitos psicanalíticos de Freud e Lacan acabam sendo usados pelos psicólogos. Houve uma apropriação pela psicologia da psicanálise. As premissas principais de Freud que tocam a psicologia, segundo Davidoff (2001), são:

1) Os psicólogos devem estudar as leis e os determinantes da personalidade (normal e anormal) e tratar distúrbios mentais.

2) O inconsciente é um aspecto importante da personalidade. Trabalhar as questões inconscientes é parte essencial da psicoterapia psicanalítica.

3) A personalidade é mais apropriadamente estudada no contexto de um longo e íntimo relacionamento entre paciente e terapeuta. À medida que o paciente relata o que lhe ocorre na mente, o terapeuta analisa e interpreta os dados e observa o comportamento de forma contínua.

Pelo fato da psicanálise ser, além de uma prática clínica, um imenso aglomerado de conceitos, a psicologia, principalmente a psicologia clínica, demonstra um interesse muito grande em algumas premissas, que parecem perpassar a prática clínica inclusive de outras correntes de pensamento que não apenas a psicanalítica. Um desses conceitos é o de transferência, que remete aos pais na infância inicial de todo ser humano e que se reatualiza na vida adulta, isto é, as experiências iniciais de nossa vida, com figuras que nos foram significativas reemergem em praticamente todos os relacionamentos afetivos posteriores. Outro aspecto que é objeto de pesquisa, inclusive empírica, são os mecanismos de defesa do Ego. E, por último, a questão da ansiedade, um conceito psicanalítico que também tem sido estudado dentro de vários métodos de pesquisa.

De Lacan, a questão da linguagem, da língua (linguagem do inconsciente), o objeto pequeno *a* (em síntese poderíamos dizer que são os objetos perdidos no início da vida da criança: o seio, as fezes, o olhar e a voz), a relação com o grande Outro na transferência, o lugar do analista, a falta, o sujeito, os quatro discursos, a ética, entre outros conceitos, têm sido objeto de estudos de psicanalistas e de alguns psicólogos.

Psicologia: ensino e aprendizagem

Um grande campo de investigação em psicologia é a questão do ensino-aprendizagem, onde se encontram vertentes de pensamento sobre como ocorre o aprendizado no ser humano e destacam-se neste aspecto: Vygotsky, Piaget, Ausubel, Gagné, Rogers, Bruner, o próprio behaviorismo (Skinner) entre outros. Alguns desses teóricos serão analisados no decorrer deste livro, pois trabalham com a questão do desenvolvimento humano, Como Vygotsky e Piaget por exemplo.

Neurociências

Outro aspecto a ser considerado ao se pensar a psicologia na atualidade é a questão da neurociência, onde se tem que a neurociência é o estudo da realização física do processo de informação no sistema nervoso animal e humano.

O estudo da neurociência engloba três áreas principais: a neurofisiologia, a neuroanatomia e neuropsicologia. A neurofisiologia é o estudo das funções do sistema nervoso. Ela utiliza eletrodos para estimular e gravar a reação das células nervosas ou de áreas maiores do cérebro. Ocasionalmente, separaram as conexões nervosas para avaliar os resultados. A neuroanatomia é o estudo da estrutura do sistema nervoso, em nível microscópico e macroscópico. Os neuroanatomistas dissecam o cérebro, a coluna vertebral e os nervos periféricos fora dessa estrutura. A neuropsicologia é o estudo da relação entre as funções neurais e psicológicas. A principal pergunta da neuropsicologia é qual área específica do cérebro controla ou media as funções psicológicas. O principal método de estudo usado pelos neuropsicólogos é o estudo do comportamento ou mudanças cognitivas que acompanham lesões em partes específicas do cérebro. Estudos experimentais com indivíduos normais também são comuns.

Fonseca (2008), por exemplo, é um autor que utiliza a neuropsicologia para trabalhar com conceitos ligados à aprendizagem; diz que a aprendizagem no ser aprendente envolve "inevitavelmente o cérebro, o órgão da aprendizagem (e da civilização), que tem de processar informação para que ela se verifique" (p. 152). Muitos outros autores buscam não só na aprendizagem, mas também na área clínica, a aplicabilidade da neuropsicologia.

Pensando acerca da psicologia podemos nos perguntar: A psicologia é uma ciência? Koch (1981) responde que se faz essa pergunta há 40 anos, o que atualizado perfaz mais de 60 anos, e nos últimos 20 anos continua firme a visão de que a psicologia "não é uma disciplina única ou coerente, mas sim uma coletividade de estudos de aspectos variados, alguns dos quais podem ser qualificados como ciência, enquanto a maioria não" (p. 257). "Por alguns anos, discuti que a psicologia era malcompreendida, como uma ciência ou como um tipo de disciplina coerente voltada para o estudo empírico dos seres humanos" (p. 257). Koch (1981) diz que a Psicologia pode ser uma disciplina integral, é o mito do século XIX, na tentativa de motivar seu batismo como uma ciência independente, mito que pode ser demonstrado exatamente de considerações tanto *a priori* quanto empírico-históricas. Embora Koch questione aspectos do *status* científico da psicologia, na atualidade, com o advento do discurso pós-moderno, a psicologia vem também se repensando enquanto ciência, e alguns novos paradigmas são incorporados ao discurso psicológico.

Psicologia e Pós-modernidade

Os pensadores da Pós-modernidade rejeitam a ideia de que exista uma verdade universal e definitiva, e mesmo a possibilidade que a realidade possa ser explicada ou encontrada em estruturas latentes, conforme aponta o estruturalismo.

Monteiro (2000) estabelece que a Pós-modernidade apresenta seu centro de gravidade situado não nas ciências em geral, mas, sobretudo, na arte, arquitetura, literatura e estudos culturais e constitui-se uma reação, um contraste em relação às propostas do Iluminismo e da Modernidade (paradigmas que a precederam historicamente). A concepção de subjetividade mental do pesquisador é decisiva para a compreensão do mundo que nos cerca, pois se baseia no construtivismo e construcionismo, tendo a externalização do interno como correspondente ao processo descrito pelo construtivismo e a internalização da exterioridade no construcionismo.

Monteiro (2000) diz que as proposições situadas pelo construcionismo social descrevem o antiessencialismo dos objetos, o antirrealismo apriorístico, a especificidade histórica e cultural do conhecimento, em vez da generalização dos processos; a ideia de que a linguagem seja uma precondição para o pensamento e uma forma de ação social; um foco na interação humana, na intersubjetividade e a prevalência das práticas sociais sobre as condutas individualizadas.

Prestelo et al. (2005) expressam a questão da psicologia e o pós-moderno, dizendo que desde seu início a psicologia lida com a questão da subjetividade, mesmo que com outras denominações, havendo uma dicotomização praticamente desde os primórdios da psicologia: o fora, normalmente identificado como realidade, algo objetivo, que podia ser mensurado e comparado, e o dentro, algo da área do subjetivo, como aquilo que diz respeito só a um sujeito, individual e intransferível. Sob essa perspectiva a ciência constituiu-se num tipo de conhecimento que deveria ser reproduzido e procurava afastar a ideia de que o observador pudesse interferir, de alguma forma, no objeto estudado.

O pensamento pós-moderno procura, justamente, questionar a dicotomia moderna, criticando a independência sujeito/objeto na construção da realidade. Se tivermos uma realidade construída no processo de interação do homem no mundo, pode-se acreditar que exista uma demarcação que delimita até onde o sujeito vai e a partir de onde se constituiria o mundo fora do sujeito. Além disso, questiona também a possibilidade de existirem certezas absolutas e universais. As sociedades pós-modernas seriam, por definição, mutantes, em oposição às tradicionais. Para pensar, portanto, um sujeito mutante, fluido, pois sujeito constituído e constituinte de uma sociedade também mutante, é necessário, então, estudá-lo em suas infinitas possibilidades e requer um exercício de constante construção/ampliação do objeto de estudo (PRESTELO et al., 2005).

A Pós-modernidade coloca-se principalmente entre duas grandes vertentes de pensamento teórico, a primeira delas situando as condições contemporâneas de produção e conhecimento (tendo como teóricos principais Lyotard e Gianni Vattimo); e a segunda dando maior destaque às condições de produção da ordem capitalista contemporânea. Lyotard afirma que vivemos um tempo em que o mundo é percebido como fragmentado, complexo e imprevisível. Na Pós-modernidade não é mais possível descrever o mundo através de discursos científicos unificados em uma metalinguagem universal. O conhecimento pós-moderno é composto de "pequenos relatos", ou narrativas múltiplas, sobre um mundo também múltiplo (LEITÃO, 2003).

Para Leitão (2003), analisando as condições de produção da ordem capitalista contemporânea, a ancoragem da Pós-modernidade é um conjunto de alterações objetivas na ordem do capital. Nesse sentido, Jameson é o primeiro autor a situar que a Pós-modernidade é uma nova época do capitalismo – a do capitalismo tardio – regida por uma lógica de funcionamento global que atravessa as diferentes esferas da vida humana e dá coesão à mesma. A tecnologia tem aí também seu papel, com a intensificação da produção em massa, uma distribuição mais rápida dessa produção e a circulação veloz do capital. O trabalhador desempenha tarefas múltiplas e pouco demarcadas. A organização social se dá mais pela capacidade e desejo de consumir do que pelo que cada um de seus membros produz.

Ferreira (2005) diz que a Pós-modernidade se sustenta no descartável, no local e no aqui e agora, no prazer *self-service* e no imediatismo. Assim, só há uma regra fixa na Pós-modernidade: tudo deve mudar, e mudar o mais rápido possível, pois só assim se pode manter a roda da economia. Também a subjetividade passa a mudar, ela também faz parte dessa roda. Uma das dimensões da angústia existencial sempre foi a aceitação social. É relativamente fácil que esta aceitação ocorra num sistema estável, mas torna-se um grande problema quando há ilhas de identidade cultural; visto que passa a exigir do sujeito uma opção, mesmo reconhecendo que há outras inúmeras que podem jamais ser escolhidas. Com relação à psicologia, parecemos estar atrasados sempre em nosso conhecimento, por mais recente que seja, e isto pode se dever ao ato de termos, via de regra, "um pensamento moderno num contexto pós-moderno" (FERREIRA, 2005, p. 131).

Outra visão ligada ao momento atual da ciência é a análise do discurso ou análise do conteúdo. Baldin (apud LIMA, 2002) diz que, como esforço de interpretação, a análise de conteúdo vacila entre os polos do rigor da objetividade e da fecundidade da objetividade. "Absolve e cauciona o investigador por esta atração pelo escondido, o latente, o não aparente, o potencial inédito (o não dito), retido por qualquer mensagem" (BALDIN, p. 83). É preciso recusar toda representação que oporia um "interior" e um "exterior" do discurso como dois universos independentes. O problema do "dialogismo" ou "heterogeneidade constitutiva" mostram que o "intradiscurso" é atravessado pelo "interdiscurso" (BALDIN, apud LIMA, 2003).

Se os pensadores da Pós-modernidade rejeitam a ideia de que exista uma verdade universal e definitiva, e mesmo a possibilidade de que a realidade possa ser explicada ou encontrada em estruturas latentes; a psicologia, como a maioria das ciências, está na busca, no vir a ser, dentro de um mundo em que as mudanças estão muito rápidas.

Como pode ser observado no decorrer do texto, a Pós-modernidade, como novo paradigma, parece abrir novos e interessantes campos de pesquisa sobre a psicologia enquanto ciência; basta pensar o uso da internet como forma de atuação do psicólogo e as mudanças advindas desse fato.

2
Infância e relacionamentos na atualidade

O século XX foi chamado o século da criança, pois a infância tal com a conhecemos na atualidade, onde há uma grande valorização da mesma, é um conceito socialmente construído. Em termos históricos pode-se inclusive falar em infâncias no plural e não apenas infância. Dentro da história da infância também se percebe que não há uma linearidade histórica, isto é, em cada cultura a ideia de infância e a forma como a sociedade a percebe evoluiu de forma diferenciada.

Já na filosofia clássica, em Platão existem citações e posturas acerca da infância e juventude. Nesse sentido Kohan (2003), ao analisar a obra de Platão correlacionando com a infância, propõe quatro traços principais: 1) A infância como possibilidade (as crianças podem ser qualquer coisa no futuro); 2) Como inferioridade (as crianças, como as mulheres, estrangeiros e escravos, são inferiores ao homem adulto cidadão); 3) Como superfluidade (a infância não é necessária à polis); e 4) Como material da política (a utopia se constrói a partir da educação das crianças).

Heywood (2004) relata que a história da infância move-se por "linhas tortuosas", de maneira que a criança pode ser considerada impura na alta Idade Média da mesma forma que no início do século XX. Se existe uma mudança de longo prazo em que a necessidade de uma educação escolar prolonga a infância e a adolescência, se há um interesse crescente e uma imagem cada vez mais positiva da infância, esses debates assumem uma forma cíclica e não linear. A ambiguidade, nos diferentes momentos históricos, polariza a criança entre a impureza e a inocência, ou características adquiridas e inatas, ou dependência e independência, ou entre meninos e meninas.

O fato apontado acima era observável no comportamento dos pais, com diferentes manifestações: os pais de tipo indiferente, o tipo "invasivo" ou "evangélico" que viam a criança como pecadora inata; o seu oposto, que a tinha como naturalmente inocente; e o tipo moderado. Embora houvesse, em tempos passados, exemplos cruéis de exploração do trabalho infantil, grande parte do trabalho feito pelas crianças no passado seria casual e de pouco esforço, relacionado a tarefas de ajudar os adultos nos seus afazeres. A substituição do trabalho pela escola, como maior ocupação da criança, fica mais caracterizado no final do século XIX e início do século XX, sendo uma longa história, que se inicia nos países protestantes do norte europeu, no século XVII. No século XVIII, reformadores começam a pensar em termos de um sistema nacional de educação, embora na Idade Média houvesse aprendizagem de ofícios específicos. O acesso inicial à educação se fez marcar também pelas desigualdades econômicas e de gênero (HEYWOOD, 2004).

Sandin (1999) analisa a perspectiva do século da criança: No começo do século XIX, as classes altas tomadas de um entusiasmo romântico começaram a ver a criança como um estado natural e indestrutivelmente genuíno e autêntico. Para as crianças de famílias abastadas era o período no qual deveriam aprender comportamentos e atitudes condizentes com sua futura posição social. Apenas tardiamente assumiam responsabilidades e sua infância não possuía conexões com o mundo do trabalho (ao contrário da infância dos filhos de operários) nem com a transição para a fase adulta. No debate social e público, as classes altas censuravam os operários e camponeses pela forma livre e pouco controlada de criar seus filhos, bem como pelo fato das crianças trabalharem ou perambularem pelas ruas. As crianças dos cidadãos prósperos vivenciavam uma infância mais restrita e controlada pelas exigências do mundo adulto. Esse fato permite ilustrar que não há um tipo de infância, isto é, que a infância difere entre meninos e meninas; entre habitantes da cidade ou do campo; de uma para outra classe social.

Já em relação ao século XX, Sandin (1999) registra que esse século caracterizou-se pela crescente profissionalização do cuidado infantil, aspecto esse que se fez sentir no interior da própria família. Os amplos objetivos sociais da escola, da educação, das normatizações acerca da criança e do adolescente, são expressões desse processo, assim como as creches. O amplo interesse no planejamento social e da infância, formulados por especialistas durante todo o século XX, também aponta para o fato da criação dos filhos haver transcendido os limites que separam o público e o privado.

Não só a infância mudou, mas a família, neste início de século XXI, de acordo com a FESP-RJ (2007); na sociedade atual a família vem assumindo diversas configurações para além do núcleo pais/filhos. Tem-se, por exemplo: 1) A família ampliada (tios e/ou avós morando juntos); 2) A família de homossexuais com filhos adotados; 3) As famílias comandadas só por mulheres ou só por homens; 4) As famílias que convivem meio-irmãos (filhos só do pai ou só da mãe); 5) As famílias de padrastos de pais vivos (o segundo marido ou a segunda mulher vivendo com os filhos da relação anterior do cônjuge); e assim por diante numa relação que pode chegar a mais de trinta tipos. Essa diversificação do núcleo familiar, sobretudo depois que a mulher deixou o lar e foi para o mercado de trabalho, gerou uma participação maior dos professores na educação não escolar do estudante, em que ele substitui os pais em determinadas tarefas. Tal exigência levou os professores da atualidade a uma queixa geral de sobrecarga de trabalho.

Uma série de situações surge como pano de fundo para compreensão das transformações dos modos de socialização das crianças e a estruturação dos tempos sociais que constituem a trama de sua vida diária. Mollo-Bouvier (2005) diz que em nossa sociedade "os modos de vida da criança pequena são marcados pela transformação dos modos de vida de seus pais" (p. 392); dos quais alguns traços mais importantes são: generalização do trabalho das mulheres, urbanização e afastamento do domicílio em relação ao local de trabalho, aumento de precariedade econômica com o crescimento de desemprego, transformações na família.

Uma das questões identificadas por Mollo-Bouvier (2005) é a de que hoje em dia o tempo social concedido à infância segmenta-se, encurta e, às vezes, cai no esquecimento. As constantes mudanças nos recortes das idades vão no sentido de uma fragmentação, de um recorte em "faixas" cada vez mais delgadas, sendo a delimitação de pequena infância uma herança da fixação do início da escola obrigatória aos 6 anos. O ingresso na escola maternal a partir de 2 anos desloca esse corte, modifica as expectativas em relação às creches, cada vez mais percebidas como uma instituição de guarda educativa que tem de garantir um preparo para o ingresso na escola maternal. Cada idade, cada tempo, cada lugar, cada atividade da criança cria instituições específicas. Pode-se dizer que aquilo que ocorre dentro de cada instituição usa conhecimento e competências de ordem psicológica e pedagógica no interesse das crianças; sendo que o modo de socialização escolhido e a própria existência das instituições obedecem a exigências de ordem sociológica que tem consequências sobre os modos de vida das crianças na atualidade.

Mollo-Bouvier (2005) diz que o advento da escolaridade obrigatória coincidiu com o desenvolvimento da psicologia orientada pela preocupação com a observação científica da criança, que fixava as diferenças autorizadas em relação a uma normalidade tanto social quanto intelectual. Quase ao mesmo tempo, a psicanálise, ao insistir sobre a importância da sexualidade infantil, destruía uma visão romântica e de inocência da criança. Na linhagem de uma psicologia behaviorista avaliam-se os desempenhos, as atividades e os comportamentos das crianças. O tempo livre e ocioso da criança é um tempo programado, previamente ocupado.

Segundo Mollo-Bouvier (2005), a criança não é apenas portadora de passado e futuro, de esperanças e de nostalgia, mas também de investimento, em todos os sentidos do termo: "investimento afetivo que monopoliza tanto a afetividade do casal como a capacidade emocional da coletividade" (p. 399); investimento material, para preservar ou melhorar a posição social e bens da família; e investimento da sociedade: a criança do economista e do demógrafo que permitem predizer aposentadorias futuras, políticas de saúde etc. Entre a criança-rei decaída e a criança-nada nascida do trabalho, do lucro, da pobreza e da desunião, vimos surgir a ideia de uma criança-parceira, que negocia seu lugar na família e seu papel no consumo.

Nesse sentido, Salles (2005) diz que a identidade da criança é construída hoje numa cultura caracterizada pela existência de uma indústria de informação, de bens culturais, de lazer e de consumo onde a ênfase maior está presente na velocidade, no cotidiano, no aqui e agora, enfim, na busca do prazer imediato. Sendo a subjetividade, então, construída no comigo mesmo, na relação com o outro e num tempo e espaço social específicos. Na sociedade atual, com suas condições materiais e simbólicas específicas, a criança adquiriu um *status* de dependente, não responsável jurídica, política e emocionalmente. A criança é então tutelada pelo adulto, já que este é desigual e já passou pela fase de transitoriedade que caracteriza a criança e o adolescente. No momento atual, parece que existe uma tendência a se promover o estabelecimento de relações mais igualitárias entre adultos, crianças e adolescentes que é concomitante ao questionamento do adultocentrismo da sociedade e ao processo de prolongamento da adolescência.

Montandon (2005) diz que as relações entre pais e filhos costumam suscitar debates apaixonados e apaixonantes e, nestes últimos tempos, passaram a focalizar principalmente a relação de autoridade, onde no Ocidente, nos dias atuais, há um deslocamento de um modelo baseado na imposição e controle para outro fundamentado na participação e negociação. Atribuem-se inúmeros males à deterioração da relação entre educadores e crianças e mais particularmente ao enfraquecimento da autoridade de docentes e pais: violências, delinquência, fracassos escolares etc. Para alguns, os problemas devem-se à situação difícil dos pais, onde há como que uma desterritorialização; para outros, entretanto, os problemas estariam diretamente ligados ao comportamento dos pais, que, por não se oporem a seus filhos, fazem com que eles não tolerem frustrações e se tornem insuportáveis. Houve uma mudança, uma passagem de um modelo familiar baseado no comando para um modelo baseado na negociação, embora negociação não seja sinônimo de abandono e autoridade.

Salles (2005) diz que, segundo pesquisas, hoje as relações familiares se baseiam mais no diálogo, na participação, na igualdade, na afeição e compreensão. A transformação das relações entre pais e filhos contribui, inclusive, para que os filhos permaneçam mais tempo junto aos pais e permite o prolongamento da coabitação em idades mais tardias. Existem também as tecnologias da comunicação, dentre elas a TV e a internet, que possibilitam que o acesso às informações se dê sem controle dos pais. Sendo que as crianças entram desde cedo em contato com o sexo, com a violência, com a exploração de conflitos íntimos; embora isso fosse um processo comum na Idade Média, pois nessa época a criança participava de todas as atividades realizadas pelos adultos, de maneira que a separação entre coisas de crianças e coisas de adultos não existia.

Ainda segundo Salles (2005), a situação da criança na atualidade se contrapõe à ideia de socialização pela qual se concebia que os adultos, pais e professores em especial detinham informações às quais a criança poderia ter acesso, e aquilo que lhe era permitido saber ou fazer era controlado e estabelecido de acordo com faixas etárias. Existe hoje uma maior liberdade e autonomia para os jovens e crianças e uma diminuição da autoridade e controle paternos. Os métodos autoritários e diretivos de educação são criticados. Procura-se minimizar as diferenças entre as gerações e evita-se que a criança seja lembrada de sua imaturidade e dependência.

Há uma exaltação da juventude, fazendo com que os mais velhos desejem ser jovens e que as relações entre pais e filhos se transformem, com os pais perdendo a autoridade, questionando o que fazem de errado, e a criança, o adolescente e o jovem querendo ter apenas direitos e não deveres. Isso deixa os pais confusos quanto às práticas educativas, não sabendo mais o certo e o errado e se devem ou não impor disciplina aos filhos.

O jovem torna-se hoje modelo para as diferentes faixas etárias (adultos e crianças), e, segundo Salles (2005), existe um imaginário social de juventude que leva os pais a abandonarem sua autoridade e a disfarçarem sua idade, utilizando-se da frase comum: "Meus filhos são meus amigos". Sendo o principal modelo atual de família o da igualdade entre os indivíduos e o de respeito às diferenças individuais. A cultura é hoje a cultura de evitar conflitos, de suavizar o que é penoso, onde se substituiu o certo e o errado por relações humanas e a amizade tornou-se uma espécie de nova religião. O amor e a disciplina não são mais colocados na mesma pessoa, poupando-se o relacionamento de conflitos. Atualmente muitas das funções assumidas anteriormente pela família estão a cargo de outras instituições, de tal maneira que a escola e as profissões assistenciais têm se encarregado das funções familiares, especialmente a função de socialização da criança. O jovem e a criança são respeitados e até colocados em posição de superioridade em alguns aspectos, como na utilização de novas tecnologias, onde o uso de computador exemplifica tal fato. Nas escolas, mais que a aprendizagem dos conteúdos escolares, o importante é a qualidade das relações humanas.

O consumo é mais um aspecto que tende a igualar a criança, o jovem e o adulto; onde, de acordo com Salles (2005), a relação criança e adulto é permeada pela cultura do consumo, na qual a felicidade se iguala à posse de bens materiais, onde os objetos que se possui dão projeções do eu e a imagem passada é algo que chama atenção e define posições sociais. As coisas e objetos que se possui demarcam relações sociais, definem estilo pessoal, hierarquizam e discriminam grupos. Mesmo que o consumo seja restrito, pois depende da condição social, o referencial é o mesmo. A diferença está no que se consome que varia de acordo com os diferentes grupos sociais.

Com relação à socialização na infância, isto é, considerar a criança como ator social e produtora de cultura, encontra-se também discussão em Grigorowitschz (2008), além de Pires e Branco (2007). A construção do eu nas histórias de vida e a percepção de infância aparece em Gullestad (2005); sobre aspectos da experiência e da cultura do brincar em Almeida (2006).

Em busca de metodologias investigativas com crianças

Delgado e Müller (2005) dizem que o discurso moderno se caracteriza pela universalidade e generalização, ou seja, nossos referenciais de análise contemplam uma voz racional, branca, masculina, ocidental, heterossexual, civilizada, "adulta e normal" nas análises "sobre" e não "com" crianças, onde a voz da criança não é ouvida.

A sociologia vem se ocupando de estudar a criança e também buscando uma metodologia específica, pois, como diz Corsaro (1997, apud DELGADO & MÜLLER, 2005): Crianças estão merecendo um estudo como crianças. Sendo que alguns alicerces devem ser reconhecidos e partilhados pela sociologia da infância: 1) Crianças são agentes ativos que constroem suas próprias culturas e contribuem para a produção do mundo adulto. 2) A infância não é uma imaturidade biológica, não é a característica natural nem universal dos grupos humanos, mas aparece como um componente estrutural e cultural de muitas sociedades. 3) Pesquisas em diferentes culturas revelam uma variedade de infâncias em vez de um fenômeno único e universal.

Segundo Delgado e Müller (2005), o pensamento da sociologia sobre crianças e infância deriva de trabalho teórico sobre a socialização, entendida pelas teorias tradicionais como o processo pelo qual a criança se adapta para internalizar a sociedade. Dentro dessa perspectiva entende-se a criança apenas como consumidora da cultura estabelecida pelos adultos, sendo que o que escapa aí é que, dentro das perspectivas teóricas interpretativas e construtivistas da socialização, o argumento é que as crianças e os adultos são participantes igualmente ativos na construção social da infância e na reprodução interpretativa de suas culturas.

As propostas de Delgado e Müller (2005) apontam que os modos como as crianças se organizam, suas respostas – que não têm nada de óbvias –, suas formas de resistência aos limites temporais e espaciais do mundo adulto tendo-se que desenvolver ou redescobrir as experiências sensíveis de adultos, "o que significa aprender a ver o que não se estampa de imediato, ou adotar uma estética da estética" (p. 175). Os pesquisadores estão condicionados a pensar em educação como algo institucionalizado e vivido em espaços escolares. Na verdade, tem-se pesquisado muito pouco sobre outros espaços educativos para a criança, como a televisão, os *videogames*, as salas da internet, os movimentos sociais, as ruas, favelas, *shoppings* etc.

Experiência das crianças e práticas educativas de adultos

A respeito das relações de adultos com crianças neste início de século, Montandon (2005), ao analisar um grupo de pesquisas, diz que não há um vínculo entre o divórcio e práticas parentais problemáticas, e sim que se deve levar em conta as condições econômicas em que a criança vive depois do divórcio de seus pais. Já outro grupo de trabalho tenta explicar as práticas educativas dos pais pelo pertencimento social das famílias, onde os pais de classe média tenderiam a manifestar mais controle de si quando de sua interação com as crianças – chamam-nas à razão, exercem uma disciplina dentro de limites claramente definidos, negociam com elas, recorrem a punições e recompensas que levam em conta a motivação das crianças e fazem planos para o êxito a longo prazo. Em contraste, os pais da classe popular são menos propensos a elaborar um projeto educativo para seus filhos e a dedicar tempo para explicar os motivos de suas exigências, e tenderiam a satisfazer seus caprichos e a puni-los sem muito se preocupar sobre a intenção por trás de seus atos.

Nesse sentido, Montandon (2005), ao analisar os estilos educativos definidos por Baumrind em 1966 em categorias – *autoritário, permissivo* e *"authoritative"* (equilibrado) – mostra que os filhos de pais autoritários são menos competentes tanto no plano escolar quanto no plano de relações com os outros. Observa-se que o amor-próprio das crianças varia segundo os graus de autonomia e de apoio concedidos por seus pais – quanto mais o estilo parental se caracteriza por uma comunicação fraca e uma coerção e controle vigorosos, mais o amor-próprio das crianças é frágil e vice-versa; embora em tal categorização devam ser levadas em conta as situações ligadas à cultura específica que a criança esteja incluída.

Em pesquisa realizada com 68 crianças sobre as expectativas em relação aos pais, em Genebra no ano de 2003, Montandon (2005) obteve que todas têm uma ideia clara do que esperam de seus pais: antes de tudo amor, escuta, apoio, compreensão, consolo, sem esquecer humor, onde percebe-se que as expectativas de ordem afetiva e emocional estão entre as de maior importância. Esperam também que seus pais lhe ensinem "boa educação", isto é, que lhes seja indicado como comportar-se, como se controlar e que lhes ensinem regras de interação com os outros. O apoio escolar e o apoio material também são mencionados. Algumas crianças disseram receber apoio apenas quando pediam ou quando seus pais julgavam importante.

Montandon (2005) diz que é importante não só trabalhar sobre as relações que se estabelecem dentro da família, como também sobre as relações complexas com os pares e outros agentes externos de socialização. Para tanto, toma o estudo de Harris feito em 1995, que chegou à conclusão de que no conjunto das determinantes ambientais do desenvolvimento da personalidade e dos comportamentos das crianças, os pares, ou seja, os colegas contam mais que os pais.

Infância e brinquedos

Walter Benjamin realizou vários escritos sobre o brinquedo, e segundo Meira (2003) é interessante a sua observação sobre a transformação do brinquedo como efeito da industrialização, marcando o distanciamento entre as crianças e seus pais que, antes, produziam juntos. Sobre a repetição intrínseca ao brincar, Benjamin (2002, apud MEIRA, 2003) diz: "Sabemos que para a criança ele é a alma do jogo; que nada a torna mais feliz que o 'mais uma vez...'; para ela, porém, não bastam duas vezes, mas sim sempre de novo, centenas e milhares de vezes" (p. 82). A essência do brincar não é o "fazer como se", mas um "fazer sempre de novo".

O brinquedo parece ter sofrido um processo de massificação com o advento da era industrial. Meira (2003) diz que o apagamento da singularidade, a "plastificação" dos brinquedos evoca a era social que Walter Benjamin analisa em seu livro *Reflexões sobre o brinquedo, a criança e a educação* e aponta como própria do capitalismo. Neste sentido os brinquedos evocam as formações do social e são objetos que revelam em sua configuração os traços da cultura em que se inscrevem. Das bonecas de porcelana às *barbies* podemos transitar pela história dos brinquedos que na contemporaneidade tende a ser homogênia e globalizada. A memória do brincar, nos tempos atuais, encontra-se apagada pelo excesso de estímulos oferecidos incessantemente em um ritmo veloz e instantâneo. Observa-se que o excesso de estímulos acaba por apagar a possibilidade criativa da criança na medida em que não possibilita o tempo de suspensão necessário para a criação da própria brincadeira.

Encontra-se na televisão, segundo Meira (2003), outra via que opera a artificialização da existência nos tempos atuais, inclusive na programação dirigida às crianças, "onde a publicidade desfila suas cenas nos intervalos apresentando uma série interminável de brinquedos e objetos de consumo 'a serem desejados pelas crianças', prometendo-lhes gozo sem fim" (p. 76). As crianças, ao brincarem, situam-se na dimensão do sonho, da fantasia, do devaneio como Freud já apontava. Hoje este sonho se encontra marcado pelas imagens e palavras que conformam sua vida prometendo felicidade num biscoito, na masculinidade do *Dragon Ball*, no prestígio da *Barbie*. As crianças encontram-se submetidas à hegemonia de uma formação social que anestesia na raiz a possibilidade de diferenciação e distanciamento crítico. O observável é "que prevalece a direção em que os laços sociais de hoje se fundam, que é marcada pelo repúdio a uma posição crítica e pela busca incessante de referências narcísicas, marcas do ser, no ter" (p. 77).

Segundo Meira (2003), suspender o tempo e brincar hoje é um ato de extremo desafio que as crianças têm que enfrentar frente à imensa rede de aparelhos virtuais que invadem sua vida, anestesiando seu pensamento e movimentos corporais. Os *games* não têm a mesma dimensão simbólica de uma brincadeira com carrinhos ou bonecas. Não necessitam da presença do outro e da materialidade dos brinquedos, sendo que a automatização que rege os jogos virtuais apresenta efeitos de apagamento do tecido social que se construiria *em presença*.

Publicidade, televisão e infância

A rapidez com que as transformações tecnológicas vêm acontecendo tem levado a significativas alterações não apenas nos modos de produção – da economia, da cultura, da arte –, mas também na maneira de perceber os fatos, gerando dessa forma novas bases para os processos de subjetivação do homem contemporâneo. De acordo com Pereira (2002) a gama de possibilidades de atividades do dia a dia "desdobra-se num fluxo incessante, impondo aos sujeitos uma frenética reelaboração das suas experiências da vida, do tempo, da espacialidade, dos modos de relacionar-se" (PEREIRA, p. 82).

Na interface das indagações sobre a Pós-modernidade, adultos e crianças, de acordo com Pereira (2002), estabelecem entre si uma relação de alteridade onde é impossível compreender de maneira isolada as transformações dos modos de ser adulto ou de ser criança, pois pensar os desígnios da infância necessariamente implica pensar os projetos e condições que são específicos da vida adulta e vice-versa. A construção do conceito moderno de infância acontece junto com a consolidação do capitalismo: a organização dos agrupamentos familiares, os processos de individuação e o surgimento da dicotomia indivíduo-comunidade, o surgimento de uma arquitetura voltada para o recolhimento e a introspecção, o pensamento científico assumindo o papel de verdade, a leitura e escrita como forma de comunicação.

Segundo Pereira (2002), a situação desconfortável que permeia a relação adulto/criança na contemporaneidade não é uma experiência isolada, mas traz a sua volta os contornos sociopolíticos do capitalismo tardio ou pós-industrial: "desterritorialização do capitalismo e centralização na esfera do consumo, novos agrupamentos familiares distintos dos arranjos nucleares tradicionais, fragmentação da vida cotidiana" (p. 84), inversão das instâncias privadas e públicas, centralização da mídia, domínio das tecnologias virtuais e eletrônicas nos processos de comunicação, pulverização dos espaços de saber.

Na sociedade de consumo a criança não mais é vista como dependente do adulto, segundo Pereira (2002), seja no âmbito econômico-político, e mesmo na vida familiar e escolar. Inicialmente a criança era vista como filho de cliente que se relacionava com o mercado a partir do uso de cultura e bens materiais que se ofereciam a ela sem levar em conta sua opinião; atualmente a criança foi elevada ao *status de cliente*, onde é um sujeito que compra, gasta, consome e sobretudo é muito exigente. Sendo que o mercado se moldou a ela, em nome de formar, desde cedo, um cliente fiel: *shoppings* dedicados somente à criança, carrinhos de supermercado em tamanho pequeno, espaços destinados a festas e o reconhecimento de seu lugar privilegiado de ser espectador e protagonista dos anúncios publicitários.

Pereira (2002) diz que luminosos, letreiros, logotipos, *outdoors*, banca de revistas, marcas, *slogans*, panfletos, imagens, *gingles* são sedução na sociedade de consumo e a cidade se oferece em forma de vitrine; tornar-se cidadão é habitar esse mundo. "Diferentemente da linguagem escrita, pautada numa lógica linear e num modelo de abstração conceitual, cuja aprendizagem situa a criança como dependente do ensinamento do adulto" (p. 85), o mundo cheio de imagens técnicas e audiovisuais não exige nenhuma formação prévia para ser desvendado. A seriação, a descontinuidade, o choque, a sobreposição, a simultaneidade, a hiper-realidade, a virtualidade etc. são elementos paradigmáticos da cultura que foram desencadeados pelo cinema e pela fotografia e que são percebidas hoje na televisão e ciberespaço. Enquanto o adulto precisa se readequar aos modos de pensar e viver, para a criança eles se apresentam como constituintes quase imediatos da sua vida psíquica e acabam tomando a forma de brinquedo a ser explorado de forma lúdica.

Para Pereira (2002), a desenvoltura com que a criança lida com as "eternamente novas" tecnologias audiovisuais a coloca numa posição independente diante do adulto e como tradutora para os adultos a sua volta, de uma criação que é do adulto mas que a ele mesmo soa como estranha. O que podemos esperar de uma geração condenada a buscar suas próprias respostas e em que lugares encontrar essas respostas? São as grandes perguntas do tempo presente com relação às crianças.

Bucci (1997, apud PEREIRA, 2002) diz que no Brasil a televisão consiste num sistema complexo que fornece o código pelo qual os brasileiros se reconhecem brasileiros, sendo que o que é invisível para as objetivas da TV não faz parte do espaço público brasileiro. Para Pereira (2002), algumas mudanças qualitativas das relações entre a criança e a televisão merecem destaque. Um primeiro momento deu-se nos anos 60 do século passado, no momento em que a criança deixou de ser apenas espectador e passou a ser também protagonista dos programas exibidos. Inicialmente com participação restrita aos programas infantis, a criança aos poucos se tornou uma imagem bastante constante. Um novo formato acontece a partir dos anos de 1980, onde aparece a imagem da apresentadora dos programas infantis; sendo essa a figura central dos programas infantis e paralelamente cria-se um mercado de produtos vinculados aos programas e à pessoa da apresentadora, que variam desde bonecas e estampas em vestuário até aparelhos eletrônicos, utensílios domésticos, alimentos, e ajudam a consolidar o *status* da criança como consumidor. A TV ainda é um meio com boa aceitação pelas crianças que assistem em média três a quatro horas diárias, interagindo com esse objeto como se fosse um semelhante seu. Embora no momento atual sofra uma concorrência com os tablets e internet, que vêm ocupando tempo e espaço cada vez mais centrais tanto na vida da criança quanto na do adulto, esses meios de comunicação e a televisão acabam por preencher um lugar deixado vazio: o do diálogo.

Postman (1999, apud PEREIRA, 2002) vê na televisão o aparato tecnológico que fomenta o desaparecimento da infância, isto é, o desaparecimento da consciência da diferenciação entre adulto e criança. Pereira (2002) aponta que no meio publicitário existe a crença de que existem três apelos muito grandes que dão certo e acabam surgindo constantemente nas mensagens das propagandas: criança, animal e sexo.

Belloni (2004) diz que nos dias atuais, no meio ambiente cada vez mais tecnificado, isto é, artificial, da sociedade dita de informação pode-se observar alguns paradoxos interessantes sobre a infância. Em primeiro lugar a violência generalizada nas mensagens difundidas pela mídia (*piercing*, p. ex.), que contribuem para a criação e consolidação de uma cultura jovem mundializada, cujas características mais marcantes podem ser resumidas: consumismo, narcisismo, banalização da violência como imagem do mundo urbano contemporâneo, legitimação de modos violentos como forma de resolução de conflitos. Em segundo lugar, a violência, além do lado ético, tem seu lado estético na atualidade. Embelezada e edulcorada, estetizada, repetida sem cessar, ela se tornou uma das fórmulas de sucesso da televisão e do cinema, presente desde o drama romântico ao desenho animado. A repetição infinda de cenas estereotipadas (brigas corporais, em perseguições, cenas de tortura, tiroteios etc.) tende a criar em escala planetária não só um conjunto mínimo de símbolos e valores comuns no imaginário dos jovens, como influenciar seu gosto, seus padrões estéticos.

Parece que cada vez mais o imaginário que estas mídias vêm construindo é um imaginário dominado pelo princípio da morte, ou seja, da violência, que se materializa em imagens fragmentadas, encadeadas num ritmo acelerado. Esse parece ser o imaginário construído pelas mercadorias da indústria cultural (BELLONI, 2004).

O jogo eletrônico

O caráter ambíguo, ou o maniqueísmo do jogo, de acordo com Zanolla (2007), está diretamente ligado à necessidade de regular a diversão ao tempo justo de repouso, ao mesmo tempo em que controla seu conteúdo; assim como existem as férias dos pais, o período livre da criança é o tempo permitido para administração de sua vida. Em todo jogo, o fazer é uma prática esvaziada de conteúdo em relação aos fins; mas consolidada, segundo sua execução, dessa maneira, "a praticidade da diversão nos moldes modernos confirma o conservadorismo social e a tendência de individualizar o sujeito, moldando-o conforme a necessidade do sistema capitalista pela via da cultura" (ZANOLLA, p. 1.332).

O contexto atual muda diretamente a vida das crianças, sua organização escolar e formas de lazer, pois segundo Zanolla (2007), com o aperfeiçoamento dos microcomputadores, a criação da TV a cabo e do celular, do DVD e da internet, o desenvolvimento técnico ganha proporções gigantescas nos últimos anos. Na intimidade, existe a ilusão de que todo esse aparato técnico consegue provê-las em suas principais necessidades, sendo um exemplo disso a maneira como os pais usam o celular para controlarem seus filhos.

Com relação aos jogos eletrônicos ou *games*, sobre os quais existem poucas pesquisas no Brasil, Zanolla (2007) diz que os mesmos surgiram em 1958 nos Estados Unidos, criados dentro do contexto da Guerra Fria e na atualidade constituem fenômeno de massa no mundo todo, sendo que a indústria de *videogames* fatura quase o equivalente aos filmes de Hollywood. Muito se discute sobre os games e a arte, sendo que este tipo de discussão também aconteceu historicamente com o cinema e a fotografia em seus primórdios. Os adultos estão despreparados na atualidade para lidar com este novo fenômeno, sendo a carência de estudos acadêmicos na área, a falta de informações e, sobretudo, a forma como se estruturam os jogos eletrônicos fatores determinantes para defender tal assertiva. Se a escola não se preparar para esse novo universo, a indústria é quem determinará o que as crianças irão fazer com seu tempo livre, com pouco ou nenhum critério educativo.

Uma análise da função socializadora e pedagógica dos sistemas midiático-cultural nas sociedades modernas é feita por Moreira (2003), onde diz que a utilização excessiva dos estímulos de games leva a linguagem e o raciocínio a uma tendência ao embotamento, onde se perde o interesse em aprender a pensar.

Segundo Zanolla (2007), uma das dificuldades para estudar os games como objeto científico e acadêmico é o seu caráter efêmero, pois à medida que a compulsão consumista contribui para a indústria descartar seus próprios jogos, é natural sua constante e ininterrupta circulação para atender ao sistema capitalista. Os pais costumam usar o videogame como instrumento reforçador para comportamentos desejados de seus filhos. Se a criança obedece, joga, e, se não obedece, não joga. Torna-se também muito comum os pais presentearem os filhos com *videogames* como forma de compensação por um mérito escolar. Saber que as crianças se identificam com personagens fortes, agressivos e poderosos e bonitos são indicativos de valoração e preferências. Não surpreende o encantamento infantil com a violência, à medida que subjetivamente esta constitui espetáculo visual, embora não se possa afirmar que o jogo eletrônico seja responsável pelo aumento do índice de violência entre jovens sem antes obter dados com pesquisa ampla e rigorosa. A violência faz parte do cotidiano da vida da criança, mas sua banalização não deveria fazer.

Embora muitas crianças nessa segunda década do século XXI tenham um fascínio pelos jogos on line nos celulares e *lap tops*, Zanolla (2007) diz que, quando indagadas sobre atividades de lazer mais apreciadas, muitas crianças demonstram maior preferência por passear com a família do que por jogar videogame ou ver televisão. O videogame constitui instrumento de mediação, assim como a televisão e outras brincadeiras da infância.

Marcadores sociais de diferença na infância

As distinções de gênero são mantidas na escola através de sua organização, das estratégias de motivação e controle das crianças, da organização de conteúdos das lições, das conversas informais entre alunos e professores e atividades estereotipadas das crianças. Embora a escola não seja a única instituição responsável pelas distinções de gênero, pois ao chegar à escola, garotos e garotas já têm noção do que devem ser seus respectivos "comportamentos apropriados" (DELAMONT, apud SOUZA, 2006).

Para Delamont, 1992 (apud SOUZA, 2006), a linguagem é uma forma de prática social que incorpora e sustenta valores, inclusive aqueles que estipulam o "ser" masculino ou feminino numa cultura determinada. Nesse sentido a criança constrói um "sistema interno de regras de gênero" a partir de sua experiência e das representações disponíveis na cultura em que está inserida. Embora as crianças não sejam um recipiente passivo de mensagens sociais, elas estão também negociando relações com os outros e reinterpretado as imagens que encontram. Ao chegar à escola tanto meninos quanto meninas já começaram a aprender a linguagem diferenciada de gênero, já começaram a aprender como falar diferentemente como uma menina ou menino, como falar com outras meninas ou meninos e como falar sobre elas/eles.

Souza (2006) analisa aspectos de gênero e linguagem na escola, como os estereótipos veiculados pelo livro didático, que geralmente apresenta a mulher como incompetente, mais emocional e menos dotada de força física. É interessante que Almeida (apud SOUZA, 2006), analisando nos livros didáticos as representações de família onde são explícitas as hierarquias, quer através do corpo (o homem mais alto que a mulher), quer etário e de gênero (o filho é sempre mais alto e mais velho que a filha, e a criança mais velha é sempre um rapaz), o pai trabalha num escritório, mãe nas lidas da casa auxiliada pela filha, enquanto os meninos jogam bola, os personagens são sempre brancos.

Para Souza (2006), há uma manutenção das desigualdades em sala de aula, onde professoras e professores colaboram oferecendo mais atenção aos garotos e sugerindo desvantagem para as meninas no aprendizado de áreas como matemática e ciências, tidas como pertencentes ao domínio masculino. Os meninos estão mais preocupados em estabelecer sua masculinidade aos olhos de outros garotos assim como estabelecer sua superioridade sobre as meninas. Existe na escola um currículo oculto que transforma crianças que apresentam movimentos similares em "meninos" ou "meninas". Esse currículo oculto, além de criar diferenças entre gêneros e facilitar o processo já começado na família, faz com que as diferenças apareçam e sejam sentidas como "naturais". Os corpos, marcados pela raça, classe, gênero criam contextos particulares para relações sociais na medida em que assinalam e negociam informações sobre *status* e poder. A escola orienta a sociabilidade de gênero segundo os padrões de inteligibilidade da matriz heterossexual.

Britzman (apud SOUZA, 2006) diz que a criança de qualquer pedagogia já está, ao mesmo tempo, codificada como uma criança generificada, sexualizada e racializada. Nesse sentido, a criança se torna um dos constructos mais normalizados e regulados da educação.

Ribeiro (2003) faz uma análise do brincar de "osadia" (forma de se referirem a brincadeiras que denotam sexualidade em uma aldeia de pescadores da Bahia) dizendo que a sexualidade é construída socialmente e que é aprendida pelas crianças em vários contextos sociais, como a escola e a família, pelos meios de comunicação, nos livros e principalmente com os colegas e amigos. Essa autora sustenta que adultos e crianças têm representações diversas, contraditórias e às vezes opostas sobre a sexualidade, sendo veiculadas ora em seu sentido normativo e medicalizante (biologização), ora como fantasia, brincadeira e "sacanagem".

Depressão na infância

O estudo dos transtornos depressivos na infância e adolescência já definiu que sua presença é grave e comum o suficiente para merecer a atenção de pesquisadores e clínicos. Principalmente se for levada em consideração a possibilidade sugerida por modernos estudos epidemiológicos do aumento de sua prevalência e de seu início cada vez mais precoce (BAHLS, 2002).

Bahls (2002) diz que em crianças pré-escolares a depressão tem sua manifestação clínica representada pelos sintomas físicos, tais como dores (principalmente cabeça e abdominais), fadiga e tontura. Sendo apontado na literatura que aproximadamente 70% dos casos de depressão maior em crianças apresentam queixas físicas. As queixas de sintomas físicos são seguidas por ansiedade (ansiedade de separação), fobias, agitação psicomotora ou hiperatividade, irritabilidade, diminuição do apetite com falha para alcançar o peso adequado e alterações do sono. O comportamento autodestrutivo na forma de bater a cabeça severa e repetidamente, morder-se, engolir objetos perigosos e a propensão a acidentes pode ser um equivalente suicida em crianças que não verbalizam emoções (embora nessa etapa não ocorram ideações ou tentativas de suicídio).

Já em crianças escolares, diz Bahls (2002), o humor depressivo já pode ser verbalizado e é frequentemente relatado como tristeza, irritabilidade ou tédio. Apresentam aparência triste, choro fácil, apatia, fadiga, isolamento, declínio ou desempenho escolar fraco, podendo chegar à recusa escolar, ansiedade de separação, fobias e desejo de morrer.

Uma questão que pode ser pensada sobre o aumento de prevalência da depressão em idades mais tenras; e do aumento de sua prevalência na atualidade é a questão da depressão hoje ter substituído as manifestações histéricas (grande parte do século passado) na busca por terapia e ajuda na maioria das faixas etárias. Talvez a comunicação deficiente, ou a não presença de relacionamentos estáveis com os adultos, significativos na sociedade atual, como já visto anteriormente, deixando a criança mais e mais por sua própria conta ou com "babás" eletrônicas (televisão, game, internet), sejam fatores precipitantes (entre outras causas – perdas significativas etc.) da depressão infantil.

3
Adolescência e relacionamentos na atualidade

Embora a adolescência seja um construto da Modernidade e tempos atuais e que remete a um sujeito de passagem, é um fenômeno que acontece na maioria das famílias, tendo essas a configuração que tiverem (pais presentes, pais ausentes, pais separados etc.). A adolescência também remete a situações de crise, crise essa que o sujeito terá que passar para entrar na idade adulta. Sendo essa também uma característica da adolescência – a passagem da infância à idade adulta, e como tal comporta rituais de passagem.

Fundamentalmente, a etapa do desenvolvimento físico-orgânico e psicoafetivo da adolescência, diz Melo (2002), é uma etapa de iniciação e passagem para a vida adulta. Em geral é uma fase de conflitos e de crise, consciente ou não, assumida ou negada pelo adolescente. Geralmente negada: para o adolescente a crise é projetada na família, no mundo ao seu redor, na escola, na sociedade, nos colegas, no sexo oposto. A crise da adolescência é resultado de um movimento interno de independência, autonomia, libertação e autodeterminação, necessário para o ingresso na vida adulta. Esse movimento para a vida madura se faz muito frequentemente por meio de um processo dialético, e não de evolução suave e gradual. À tese da posição em que sempre esteve colocado na família e pelo meio ambiente em que está inserido, o adolescente contrapõe uma antítese ou uma antítese de oposição, negação ou rejeição. Dentro de uma visão dialética, a tese e a antítese tenderão para uma síntese entre essas polaridades extremas, para uma nova posição pessoal.

Uma questão pertinente à adolescência e ao mundo da escola e/ou trabalho é a que surge com mais força na segunda década do século XXI – a condição *nem nem*, isto é, a parcela de adolescentes e jovens que nem trabalham nem estudam. Cardoso (2013) diz que essa condição "nem, nem" tem dois feixes determinantes – de um lado o contexto de inserção social (a família, o mercado de trabalho e a escola) e de outro as trajetórias individuais dos jovens e adolescentes e que a melhor maneira da questão ser trabalhada é através de políticas públicas, onde tem-se desde um melhor acesso à educação e incentivo para que os adolescentes permaneçam na escola até educação sexual (para evitar a gravidez na adolescência, que é um motivo de evasão da escola, p. ex.).

Ao falar de adolescência, dizem Zamberlan et al. (2003), podem-se situar dois elementos básicos: o primeiro é que existem distintas experiências adolescentes e estas indicam peculiaridades; o "segundo é que necessita-se compreender que a adolescência tem diferentes formas de expressão ao longo de suas fases" (p. 30). Desta forma, cada etapa da trajetória de vida, conhecida como adolescência, adquire um significado dentro de uma totalidade. A adolescência é um fenômeno psicológico e social. Esta maneira de compreendê-la traz importantes elementos à reflexão, "pois é um processo psicossocial, que regulará a forma como se expressará por suas diferentes peculiaridades, conforme o ambiente social, econômico e cultural em que se desenvolva" (p. 30).

A adolescência é um estágio dramático, segundo Teles (2001), onde o adolescente, entre o desejo de independência e a necessidade de segurança, vai buscar apoiar-se em seus pares (a turma). Este sujeito, nem criança, nem adulto, sem *status* social definido, obrigado a prolongar sua dependência econômica e adiar o intercurso sexual, pela necessidade de preparação profissional, atormentado por uma série de dúvidas, conflitos e frustrações, vive, sem dúvida, sob uma carga emocional nada fácil de ser suportada.

Uma ideia de término da adolescência é que esta dura até que o jovem se torne independente afetiva e economicamente de sua família. As sociedades industriais complicam o ingresso do adolescente no mundo adulto pela multiplicidade de papéis socioeconômicos nele existentes e pela complexidade de sua aprendizagem. Uma consequência disso é que demora-se muito mais para terminar a adolescência, há uma tendência a manter mais tempo a dependência dos jovens e se é contraditório a respeito do papel que se espera que cumpram, o qual é ambíguo, refletindo-se assim também o conflito dos adultos ante esta etapa (MULLER, 1988).

Os adolescentes devem levar a cabo, segundo Muller (1988), durante os anos de adolescência, algumas tarefas específicas, como por exemplo, esclarecer e assumir seu próprio papel, autodefinindo-se e reconhecendo-se sexual e socialmente (quem ele sente que é, quem quer chegar a ser, mediante que ocupação; reconhecer seu corpo e sua orientação sexual, sua personalidade). Tudo isso ocorre com pouca ajuda e com muito trabalho, tanto no sentido positivo (o que e quem ser) como negativo (o que e quem não ser), o que ao mesmo tempo requer uma aceitação e uma renúncia ou desprendimento.

O eixo destas elaborações, continua Muller (1988), são a própria identidade, o trabalho e o estudo. Os adolescentes devem ainda construir pessoalmente – e em geral, sob a influência de seus grupos de pertinência e de referência – um sistema interpretativo da realidade ou ideologia pessoal, baseado em convicções e não em imposições. Os sistemas de valores e visão sociofamiliar e educacional são introjetados de maneira inconsciente pelo sujeito, convertendo-se em um fundo defensivo e caracteriológico de sua personalidade, e incidindo em seus projetos de vida e escolhas. A adolescência provoca uma quantidade de mudanças: o abandono do infantil, tornando-se relativamente mais estável, tendo papéis claros e necessidades atendidas pelos outros e o ingresso no mundo adulto, para o qual geralmente o adolescente não está preparado, sendo-lhe, em muitos casos, hostil.

O adolescente, de acordo com Muller (1988), terá de fazer uma série de lutos por suas principais perdas que são: a) Perda do corpo infantil; b) Perda do papel e identidade de criança; c) Perda da relação infantil com os pais.

A conformidade ou descontentamento com seu corpo trarão sentimento de sobre-estima e narcisismo, ou menosprezo, timidez e insegurança. A angústia frente ao transcurso do tempo pode conduzir a sentimentos de despersonalização – não reconhecer-se, sentir-se estranho – e grande temor à morte e às enfermidades – hipocondria. Em contraposição o adolescente poderá aferrar-se a fantasias de imortalidade e onipotência. A religião pode, às vezes, ser utilizada pelos adolescentes como refúgio e defesa ante as ansiedades da vida, por medo a mudanças e às situações-limite (MULLER, 1988).

Quando criança, tanto o menino quanto a menina sabiam o que era esperado deles. Na adolescência, as identificações, a forma de incluir-se, sofrem uma crise gerando sensações de confusão e vazio pela perda da infância. A tarefa evolutiva de sua infância – jogar, aprender na escola, obedecer aos adultos, depender – entra em crise, já que o adolescente terá que enfrentar novas responsabilidades. As novas realidades que o adolescente deve enfrentar não têm respostas claras ou "clichês", mas são ambíguas, incertas e devem ser elaboradas por eles mesmos, pois não existem soluções únicas para os problemas da sexualidade, dos estudos e ocupações e das crises e frustrações que podem advir daí. Em certos momentos as condutas assumem traços maníacos: negar o crescimento, "não crescer nunca", ou acelerar o crescimento de forma onipotente, "ser grande de repente", atuando provocativamente, negando a dor pelo passado perdido (MULLER, 1988).

Durante a infância os sujeitos davam aos pais uma imagem de poder e segurança; às vezes os pais eram idealizados tanto em sentimentos de projeção quanto em serem persecutórios, aterrorizantes, castradores. Na adolescência, essa idealização entra em crise, pois percebem-se os conflitos, as falhas, os problemas; os erros e limites dos pais são colocados em julgamento, são avaliados e criticados asperamente, produzindo-se, em alguns casos, fortes conflitos (MULLER, 1988).

Os pais, reciprocamente, vivem também todos esses lutos, por isso devem aceitar seu próprio envelhecimento e, ao mesmo tempo, as mudanças do corpo infantil de seu filho adolescente; devem também aceitar as mudanças na identidade dos filhos que os fazem enfrentar novos valores, concepções e interpretações da vida e os obrigam a rever velhos esquemas. Os pais entram em uma nova etapa da relação com o filho, de maior ambivalência, bem como de diminuição de liderança (MULLER, 1988).

Atividades na adolescência

Em instrumento que lista 136 atividades (ou grupos de atividades), Menandro et al. (2000), em pesquisa realizada com 98 adolescentes e 103 adultos de classe média urbana, obtiveram que "assistir diferentes modalidades de programas na televisão" é responsável pela maior parte do tempo gasto para todos os grupos de sujeitos (excluindo-se o tempo gasto no trabalho ou estudo). Em média os adolescentes assistem a mais de 14 horas semanais de televisão; "ficar no banheiro" aparece em segundo, sendo seguido de ouvir música em casa.

Mesmo em adolescentes de classe baixa, o uso do tempo livre, em pesquisa realizada por Sarriera et al. (2006), aponta a predominância de atividades não estruturadas, como assistir televisão e ir para a rua, bem como dificuldades de acesso ao lazer e a atividades culturais e esportivas por parte desses adolescentes, o que pode se configurar, pela literatura pesquisada, como um indicativo de vulnerabilidade com relação a situações de risco.

Andrade e Novo (2000) dizem que é a transitoriedade que identifica a juventude como uma preparação para a vida adulta. Há ambiguidade com relação ao que se deve esperar do comportamento dos adolescentes e o que se deve cobrar deles. Também existe a ideia de uma suspensão da vida social em função do tempo que os adolescentes permanecem em treinamento escolar, preparando-se para sua atividade futura.

Melo (2002) diz que a dimensão do tempo, tanto cronológica quanto psicologicamente para os adolescentes, significa e abrange o hoje e o amanhã imediato. A dimensão do tempo futuro é, para muitos deles, apenas uma abstração que beira a irrealidade, de pouca ou nenhuma significação concreta; sendo que muitos escolhem uma profissão que tem uma perspectiva talvez de curto prazo, não uma perspectiva de carreira para o futuro longínquo, o qual frequentemente está ausente em seu imaginário.

Buchalla (2009), tendo como fonte o Núcleo Jovem da Editora Abril e Veja.com, diz que 77% dos jovens citam a casa como o lugar em que eles mais gostam de estar, seguido do *shopping* e que 31% dos adolescentes passam praticamente a tarde inteira em casa; já 76% dos jovens se dizem sempre ou quase sempre felizes. Esse último dado parece estar na contramão do que se tem em teoria sobre a adolescência, onde o colorido dado pelos estudiosos a respeito é sempre de crise (embora crise não queira dizer infelicidade).

Adolescência hoje

Na sociedade pós-moderna, como já visto em relação à infância no capítulo anterior, onde as coisas acontecem de forma veloz levando as pessoas a um sentimento de desterritorialização, e onde os meios de comunicação de massa interferem o tempo todo no cotidiano das pessoas, a adolescência se transformou também; em algumas situações houve evolução, em outras involução.

Com relação à adolescência, ganhou-se em liberdade e pragmatismo; perdeu-se em encantamento e idealismo. Segundo Buchalla (2009), os adolescentes (nascidos a partir de 1990) não almejam fazer nenhum tipo de revolução – nem sexual, nem política, como era o sonho da geração de 60 e 70 do século passado. Mudar o mundo não é mais a pauta do dia entre os adolescentes. O que querem mesmo é vir a ganhar um bom dinheiro com seu trabalho. São também mais conservadores em relação aos valores familiares (embora os pais sejam "ridículos").

Fruto da revolução tecnológica e da globalização, continua Buchalla (2009), eles formam a geração definida por especialistas do "tudo-ao-mesmo-tempo-e-agora". São capazes de realizar várias atividades ao mesmo tempo (as relacionadas ao estudo nem sempre a contento), pois celular, iPod, computador e videogame praticamente viraram extensão de seus corpos e sentidos. Enfim, é uma geração que vive em rede, com tudo que isso significa. São muito concretos em relação a dinheiro e trabalho, mas com poucos sonhos e virtuais nos prazeres que deveriam ser reais.

O fato de estarem conectados em rede, diz Buchalla (2009), os leva a ter interesse por mais assuntos e a serem mais bem-informados de uma maneira geral, porém muitas vezes suas informações são superficiais. Mudam de opinião com rapidez e frequência. Mais do que ocorria nas gerações de adolescentes anteriores, suas decisões costumam estar envoltas em interrogações, como se a vida fosse um teste de múltipla escolha. Plugados ao mundo, aos sites de relacionamentos, como o Facebook, e aos serviços de mensagens instantâneas, como o WhatsApp, eles se movem em rede e estão menos divididos em tribos. São menos preconceituosos com as diferenças; quase metade dos jovens de classe média tem amigos próximos com orientação sexual diferente da sua.

O frenesi da era digital, diz Buchalla (2009), ajuda a empurrar os adolescentes atuais a trocar de amores, amizades, cursos e aspirações muito rapidamente. Há uma sucessão de reinícios, com finais rápidos e indolores. Mas, como não é possível recusar sempre a vivência da dor, a contrapartida pode ser o aumento da ansiedade em relação a relacionamentos pessoais e opções profissionais. São tantas opções de escolha sobre o que fazer e aonde ir e tanta liberdade de decisão que eles se perdem. Um fato é que as moças e rapazes de hoje demoram mais para se decidir em relação à carreira a ser seguida, porém, nesse meio-tempo, eles articulam uma rede de contatos tão grande que provavelmente no futuro irá ajudá-los profissionalmente. O sonho da maioria é um trabalho que os faça ricos. Ligados em questões de consumo, são grandes influenciadores das compras de seus próprios pais, principalmente na aquisição de eletroeletrônicos.

Um motivo de preocupação, segundo Buchalla (2009), é o excesso exponencial de exposição dos adolescentes em sites de relacionamento, onde colocam mensagens apaixonadas ou comentários sobre a própria vida e a vida alheia para todo mundo ler. Lá estão também fotos da família, dos amigos, do namorado; a privacidade quase não existe mais para os adolescentes. Expõe-se tanto que já são chamados de a geração "*look at me*" ("olhe para mim"). Com uma rede de conhecidos vasta, o número de festas é enorme. Se houver permissão dos pais os adolescentes saem de domingo a domingo. Nestas saídas pode haver muita bebida e drogas, especialmente as sintéticas. Sendo que as meninas estão se expondo mais precocemente que os meninos aos perigos do álcool e das drogas. Como elas amadurecem antes, inclusive fisicamente, é mais fácil para a maioria entrar nas festas dos mais velhos, onde a bebida corre sem controle. É comum, aos sábados à noite, ao se visitar um supermercado, encontrar grupo ou grupos de adolescentes se preparando para o que chamam de "esquenta" – ou seja, beber na casa de um deles antes da festa.

Os pais parecem perdidos e, segundo Buchalla (2009), não sabem dizer "não", bem como falta de cobrança, fazendo-se passar por liberais. Dessa questão decorrem algumas situações comuns com os adolescentes e seus pais: O uso de droga e bebidas, o não atender ao celular (tirando a tranquilidade dos pais), o uso abusivo do telefone, o expor-se demais na internet. Discutir com o filho adolescente é um erro e pode levar a lugar nenhum; o ideal é esperar que os ânimos se acalmem e tentar conversar.

Bullying

Uma questão a que crianças e adolescentes estão expostos na sociedade atual e que remete diretamente a seus relacionamentos com seus pares é o *bullying*. Embora o próprio conceito de *bullying* pareça exercer o papel de adaptação da violência, ao classificá-la e "colocar as coisas nos seus lugares", pois esse tipo de violência fere a ideologia democrática e o conceito então pode ter a função de mascarar essa violência.

Antunes e Zuin (2008) dizem que o estudo da violência escolar parte da análise das depredações e danos a prédios públicos escolares e chega ao final da década de 90 do século passado e início dos anos de 2000 com o estudo das relações interpessoais agressivas, envolvendo alunos, professores e outros agentes da comunidade escolar. Vários são os conceitos que envolvem a violência na escola, tais como conduta antissocial, distúrbio de conduta e *bullying*, conceitos decorrentes de estudos feitos em várias partes do mundo, e que se revelam uma das grandes preocupações das sociedades industrializadas.

Embora na atualidade o estudo da violência tenha classificado suas várias formas de apresentação e ocorrência nas escolas públicas e privadas, tais como presença de gangues, de armas, de tráfico de drogas vinculados a instituições escolares, existe outro tipo de violência, às vezes mais sutil, denominada *bullying*. Essa denominação surge na década de 70 do século XX na Noruega e é adotada atualmente na maioria dos países (ANTUNES & ZUIN, 2008).

O *bullying*, muito difundido pela mídia, e objeto de alguns estudos nacionais, é conceituado como um conjunto de comportamentos agressivos, físicos ou psicológicos, como chutar, empurrar, apelidar, discriminar, excluir, que ocorrem entre colegas sem motivação evidente e de forma repetida, sendo que um grupo de alunos ou aluno, com mais força, vitimiza um outro que não consegue encontrar um modo eficiente de se defender. Tais comportamentos são usualmente voltados para grupos com características físicas, socioeconômicas, de etnia e orientação sexual específicas (ANTUNES & ZUIN, 2008).

Baseando-se em estudos teóricos de produção na área, Martins (2005, apud ANTUNES & ZUIN, 2008) identifica o *bullying* em três grandes tipos: a) Diretos e físicos – que inclui agressões físicas, roubar ou estragar objetos dos colegas, extorsão de dinheiro, forçar comportamento sexual, obrigar a realização de atividades servis, ou a ameaça desses itens. b) Diretos e verbais – que incluem insultar, apelidar, "tirar sarro", fazer comentários racistas ou que digam respeito a qualquer diferença no outro. c) Indiretos, que incluem a exclusão sistemática de uma pessoa, realização de boatos e fofocas, ameaçar de exclusão do grupo com o objetivo de ter algum favorecimento, ou, de forma geral, manipular a vida social do colega. Atualmente, com o advento da internet, encontra-se também o *cyberbullying*, que é a utilização da comunicação (celulares, internet) para a realização dessa violência.

O *cyberbullying* é definido, de acordo com Tavares (2012), como um "ato hostil repetido e deliberado de ameaça e ofensa (denegrir, humilhar), recorrendo a meios de tecnologia de informação, nomeadamente celulares, internet, entre outros" (p. 174). Em outras palavras e como dito acima, é a violência praticada utilizando-se de meios de comunicação eletrônica e que em muitos casos pode levar a vítima até mesmo ao suicídio. Muito comum nos tempos presentes (segunda década do século XXI) é o pedido de que a pessoa com quem se inicia um relacionamento por uma das mídias eletrônicas envie fotografias, que pode chegar à fotografia de nus (*nudes*), que após o término do relacionamento, ou mesmo após conseguir-se tal fotografia, a mesma seja publicada na internet, levando a vítima a sérios problemas psicológicos.

A função do *bullying* para quem o pratica, segundo Antunes e Zuin (2008), é a realização da formação de poder interpessoal por meio da agressão. Os autores do *bullying* costumam agir com dois objetivos: primeiro demonstrar poder, e segundo para obter afiliação junto a outros colegas. Assim haveria os intimidadores (líderes ou seguidores dos mesmos), as vítimas e os não participantes. As causas do *bullying* incluem, além de fatores econômicos, sociais e culturais, os relacionados ao temperamento do indívíduo, às influências familiares, de colegas, da escola e da comunidade, às relações de desigualdade de poder, uma relação negativa com os pais e um clima emocional frio em casa, e as relações de poder existentes no ambiente escolar.

Em pesquisa realizada pelo Núcleo de Análise do Comportamento da Universidade Federal do Paraná (UFPR) (2009), com 849 jovens em Curitiba, Goiânia, Governador Valadares e Teresina, com base em questionários respondidos pelos alunos, cerca de 66% dos alunos dos ensinos Fundamental e Médio disseram ter sofrido ou cometido agressões contra seus colegas de escola nos últimos seis meses. Entre os tipos mais comuns relatados estão soco, chute, revide de agressões físicas e apelidos depreciativos. Não só no Brasil, mas em outros países as crianças e adolescentes sentem-se inseguros na escola.

Tribos e adolescência

Embora as "tribos", ou o pertencimento a um grupo com características específicas, não seja a temática principal da adolescência no momento presente, pois parece que principalmente na classe média há uma padronização de maneiras de ser e comportamento, as "tribos" continuam existindo, embora no momento atual se manifestem mais em sites de relacionamento da internet – no Brasil, principalmente no Facebook –, e remetem a questões de gostos musicais e alguns a estilos de vida.

É o que aponta Pereira (2007) ao trabalhar com "os *wannabes* e suas tribos: adolescência e distinção na internet", onde tem como principal objetivo analisar de que forma a adolescência constrói sua identidade a partir de processos de distinção e controle social na internet, tomando os aspectos relacionados ao corpo e ao gênero como centrais para a discussão, e refletir sobre os significados atribuídos na adolescência a conceitos como estilo de vida e estado de espírito dentro das comunidades virtuais.

Pereira (2007) realizou pesquisa na própria internet, utilizando uma novidade em termos de método, a netnografia, desenvolvida por Kozinets – onde o pesquisador necessita imergir no campo de estudos, a ponto de ser reconhecido como um membro da cultura estudada; para tanto necessita de um ingresso cultural (investigar diariamente as ciberculturas e comunidades virtuais, visitando fóruns, sites etc.). Em seguida, coleta e análise dos dados, como também construir sua própria *homepage*. Realizar *cyber interview* (entrevistas virtuais) e por último *usenets*, onde só após ter cumprido essa longa e elaborada fase o pesquisador estará preparado para entrar como membro do grupo a ser estudado, participando de listas e outras formas de debate na internet.

Um *wannabe*, expressão derivada da língua inglesa (*"want to be"*, que significa "querer ser"), já se tornou comum no ambiente virtual, sendo que a expressão surge da imprensa quando se refere aos fãs da cantora Madonna como "Madona Wannabe", por imitarem sua forma de se vestir, sua maneira de falar e seu comportamento. No Brasil é gíria comum, mas não popular. Pode-se dizer que a internet é feita, essencialmente, de *wannabees*: indivíduos que praticam a sociabilidade "para serem" algo diferente daquilo que efetivamente são em suas vidas no mundo real. Essa afirmação baseia-se principalmente na observação de "comunidades virtuais", onde os laços sociais se dão a partir de histórias, prática, estilos de vida, crenças e valores comuns. Existindo as comunidades que se formam no mundo real e se transportam para a internet, como os góticos, por exemplo, e um segundo tipo – as comunidades estritamente virtuais, ou seja, que não têm uma preexistência, coexistência ou pós-existência no mundo real. As comunidades "pró-ana" (em favor da anorexia) são um exemplo (PEREIRA, 2007).

Na adolescência, a construção das identidades se dá dentro de uma dinâmica de legitimidade, disputa de poder, de acusação e por fim de inclusão e exclusão. É dessa dinâmica do sistema de classificação que se formam as bases das tribos, sejam elas urbanas ou virtuais. As comunidades "pró-ana" são de uma outra natureza, pois são estritamente virtuais; elas foram criadas para só existirem na internet. Como um grupo solidamente constituído, não possui uma "cultura" implícita, pois não há uma forma de se vestir ou estilo musical que as distinga, o que se encontra é o anonimato. Apregoam algo que alarma a maioria das pessoas – a anorexia. Classificando a anorexia como um estilo de vida, as adolescentes estampam em suas páginas pessoais o sofrimento de suas "vidas anoréxicas", ao mesmo tempo em que exaltam, em fotografias, a beleza dos corpos feitos de ossos e pele (PEREIRA, 2007).

No "estilo de vida das pró-anas", seus membros, na grande maioria do sexo feminino, trocam dicas de como vencer os desafios da anorexia: são receitas, informações sobre medicamentos, descrição dos possíveis sintomas, truques para não sentir fome e para enganar os pais sobre os severos regimes a que se submetem. Uma das causas sociais atribuídas à anorexia é o padrão de beleza estabelecido pela indústria da moda. Afirma-se que as medidas corporais das modelos servem de meta para as adolescentes conquistarem o corpo ideal (PEREIRA, 2007).

Uma outra tribo analisada por Pereira (2007) são os góticos; estes, ao contrário das "anas", vêm de uma trajetória no mundo real e passam para o mundo virtual da internet. Lord Byron, poeta inglês do século XIX, é uma espécie de inspiração para os góticos, descendentes do movimento *punk* dos anos de 1970 e sucessores dos *darks* dos anos de 1980. Na subcultura gótica (ou *goth*), a melancolia, a depressão, a morbidade e a personalidade suicida, embora relativizada pelos mediadores virtuais das comunidades da internet, são algumas das características que constroem o comportamento de seus seguidores, tanto entre homens como mulheres. Sua aparência física é identificada com o uso de vestuário e acessórios pretos, que, associados a cabelos escuros, a pele muito branca, a rostos maquiados em preto e branco, além de corpos magros e frágeis, tornam as diferenças de gênero muito sutis.

Entre os góticos há desde a leitura de poesias até um estilo musical eclético, segundo Pereira (2007), mas fundamentalmente agressivo, com inspirações no *punk rock*. O lado masculino dos góticos é sensível e sofisticado em seus gostos, nos quais, por exemplo, a figura ambígua dos vampiros é apreciada e idolatrada.

Pereira (2007) diz que, mais recentemente, uma nova tribo adentra o cenário urbano: são os "emos". Seus adeptos têm entre 11 e 18 anos e usam a internet como seu maior veículo de comunicação. Trocam informações e músicas que ainda não foram comercializadas pelas gravadoras. O visual "emo" combina referências *punks*, *góticas* e infantis, cujos personagens "fofinhos" ilustram suas camisetas nas cores predominantemente preta e rosa. Os emos não escondem seus sentimentos, expressam abertamente suas emoções, preconizam e praticam tolerância sexual.

Comunicação familiar e adolescência

Embora na adolescência a família já não seja o centro de atenções do adolescente, pois este dará maior valor aos relacionamentos com seus pares, num movimento de busca de autonomia, bons níveis de saúde familiar encontram-se associados a uma comunicação efetiva entre seus membros.

Segundo Wagner et al. (2005), nessa etapa da vida as regras costumam ser questionadas e até mesmo contestadas pelo adolescente, o que é necessário para o desenvolvimento da sua identidade. Estudos indicam que a autoestima, o bem-estar e os tipos de estratégia empregada pelos adolescentes são variáveis que estão diretamente relacionadas com a comunicação familiar eficaz. A comunicação nas famílias pode ser vista de três formas diferentes: a comunicação aberta, a superficial e a fechada. Nas famílias onde os membros podem manifestar seus questionamentos e sentimentos sem se sentirem ameaçados, provavelmente existe uma comunicação aberta. Neste sentido quanto menos for o desacordo entre pais e adolescentes, melhor se dará o desenvolvimento das relações familiares.

Já a comunicação fechada, segundo Wagner et al. (2005), caracteriza-se pelo excesso de autoridade e ameaças por parte dos pais. Assim não há espaço para os filhos manifestarem seus sentimentos e dúvidas. Desse modo, pode-se pensar que nas famílias, onde a comunicação é fechada ou superficial, os membros se relacionam superficialmente e conversam apenas sobre assuntos que fazem parte do cotidiano da família, tendo então um caráter convencional. Entre as variáveis obstacularizadoras e otimizadoras da comunicação familiar encontram-se as diferenças de gênero, onde pesquisas apontam que ambos os pais sentem maior dificuldade na comunicação com os filhos do que com as filhas. Os adolescentes, por outro lado, quando comparam o relacionamento com seus pais, afirmam ser mais próximos de sua mãe, revelando mais suas vivências íntimas para ela, além de falarem sobre uma variedade de assuntos mais que com o pai.

Wagner et al. (2005) realizaram pesquisa com 35 adolescentes de 12 a 15 anos, cursando a 7ª ou 8ª séries em uma escola particular de Porto Alegre. Eles foram convidados a participar de discussões em grupo sobre o tema "Comunicação familiar". A pesquisa apontou para três eixos temáticos principais, que foram desmembrados em categorias. No eixo temático 1 as categorias apontadas pelos adolescentes foram: a) A escolha do momento oportuno para se comunicar com os pais. b) Estados de humor dos pais – esperar determinados momentos em que se percebe que os pais estão de bom humor para falar acerca de determinados assuntos. c) Tempo disponível para a conversa – o momento do dia em que os pais estejam menos ocupados. No eixo temático 2, que descreve estratégias que dizem respeito à forma como os filhos se dirigem aos pais e a maneira como falam determinados assuntos. Assim surgiram algumas categorias: a) O jeito de falar – alguns dizem que preferem falar aos poucos e com cuidado principalmente se é algo desagradável, ao passo que quando é agradável pode ser falado a qualquer momento. b) Fazer chantagem – surge a partir da constatação de reverter uma decisão já tomada pelos pais, sendo o choro muito utilizado. c) Selecionar informações – onde a mentira e a omissão aparecem como estratégias de comunicação. d) Insistir – forma utilizada para persuadir seus pais a darem permissão para aquilo que é desejado.

Segundo Wagner et al. (2005), a contrapartida da comunicação é o enfrentamento. Neste caso a estratégia enfrentar reflete a forma encontrada pelo jovem para impor sua opinião e decisão a seus pais. Tal estratégia evidencia que o jovem começa a construir opinião própria, não aceitando tudo aquilo que seus pais dizem. O último eixo (dos três iniciados no parágrafo acima), diz respeito à escolha de um familiar para conversar. Na categoria pai e mãe, o adolescente irá selecionar assuntos em que vai dirigir mais à mãe, e outros que escolhem para compartilhar com o pai. Em geral permissão para sair e ir a algum lugar é destinado à mãe, já quando é para pedir dinheiro, normalmente ao pai. Os irmãos também foram descritos como pessoas importantes de mediação entre o jovem e os pais, por isso alguns adolescentes preferem contar seus assuntos primeiro para os irmãos para só depois contar para os pais.

O "ficar" na adolescência

Segundo Justo (2005), a adolescência, principalmente a partir do século XX, foi elevada como representante e expressão máxima da juventude, da potência, da beleza, da liberdade, do gozo, do espírito contestador e crítico, do progresso, da disposição para a mudança, sendo uma fase bastante festejada e cobiçada. É verdade também que tal fase é vista como momento de vivência das grandes crises (afetivas, de identidade, emocionais, de valores etc.) e sofrimentos. Porém tais crises foram consideradas positivas e construtivas, já que o saldo final representa um ganho e melhoria do sujeito. A adolescência é vista como a fase de passagem de um círculo social restrito e primário – a família – para um universo social muito mais amplo e secundário: o mundo todo.

Em função da cultura da mobilidade, da flexibilidade, da efemeridade e da provisoriedade dos tempos atuais, enfim da globalização, parece que também os relacionamentos afetivos entram na Pós-modernidade. Justo (2005) diz que não é à toa que o "ficar" desponta como a mais nova forma de relacionamento amoroso entre os adolescentes. A prática mais comum hoje sobre o "ficar" envolve beijos, carinhos, abraços. Outra característica importante é que o ficar não implica compromissos futuros e é visto como um relacionamento passageiro, fortuito, superficial, sem maiores consequências ou envolvimentos profundos.

Para Andrade e Novo (2000) a representação social do ficar entre adolescentes é marcada pela ideia de uma prática anterior ao namoro, podendo algumas vezes ser um pré-namoro. O ficar é um relacionamento sem compromisso, momentâneo. Para as adolescentes o ficar está associado ao desejo de conhecer mais o outro; já para os adolescentes está relacionado a responder à expectativa do grupo, diversão e busca de companhia.

Sobre o ficar, Buchalla (2009), tendo como fontes Veja.com e Dossiê 4 – Universo Jovem MTV, no quadro "to pegando, to ficando, to beijando", enquete realizada com adolescentes de 13 a 19 anos –, mostra que 755 dos adolescentes já ficou ou namorou, destes 49% já fizeram sexo. Quando o relacionamento é sério, o(a) parceiro(a) é chamado de: namorado(a), namorido (apenas no caso dos meninos), namorante, caso sério, *vip*, radiopatrulha (no caso dos ciumentos). Já quando não existe compromisso formal, mas há envolvimento emocional, o companheiro(a) é chamado de: ficante, rolinho, *affair*. Quando não há compromisso emocional, os jovens resumem assim seus relacionamentos: to pegando, to ficando, to beijando.

Justo (2005) diz que o ficar não é um modismo ou um fenômeno superficial e isolado, mas conecta-se com outras subjetivações produzidas na sociedade contemporânea. Tal modalidade pode ser tomada como expressão dos novos paradigmas de relacionamentos emergentes nesse tempo atual. A abreviação do tempo e o caráter efêmero e provisório do ficar estão presentes em vários outros cenários da contemporaneidade. O "ficar" inscreve-se nesse paradigma da contemporaneidade que privilegia a compressão do tempo; a expansão das fronteiras geográficas, econômicas, políticas e psicossociais, o nomadismo, o desamparo, o desprendimento, o individualismo, o isolamento, o hedonismo, o narcisismo, o desapego, o jogo, a acaso e tantas outras condições produtoras de uma subjetividade intermitente e oscilante.

Primeira relação sexual e expectativas

Discursos prescritivos de como os jovens deveriam viver suas primeiras relações sexuais e se relacionar sexualmente não são difíceis de encontrar, sendo que, entretanto, pouco se sabe como jovens nessa faixa etária planejam essas experiências em suas vidas. Neste sentido, Altmann (2007) realizou pesquisa com alunos de 5ª a 8ª séries, sobretudo com meninas que, em sua maioria, ainda não tinham tido sua primeira experiência sexual. A repercussão social da perda da virgindade era motivo de preocupação para as jovens. O ocorrido poderia ser disseminado pelas próprias amigas; outro receio das meninas era de que a perda da virgindade se revelaria através de mudanças físicas no corpo.

A emergência de um ideal da primeira relação, diz Altmann (2007), é típica do quadro de recomposição das normas que afetam a primeira relação sexual. Segundo esse ideal, a primeira relação deveria ocorrer dentro de um relacionamento amoroso escolhido, contribuindo para confirmar a capacidade do indivíduo para travar um relacionamento. No caso da relação sexual precipitada com um parceiro eventual, as mulheres exprimem maiores remorsos, na medida em que os homens sempre podem se declarar satisfeitos por terem adquirido uma experiência.

Em relação à pesquisa realizada e citada acima, Altmann (2007) diz que a maioria das meninas planejava como gostaria de vivenciar esse importante momento de suas vidas. Seus critérios de planejamento eram temporais, além de dizerem respeito ao garoto e ao tipo de relação que teriam com ele. Resumindo, ele deveria ser compreensivo e atencioso para com ela, a relação deveria ser preferencialmente de namoro, já durar algum tempo e perdurar após a relação sexual.

Sexualidade e normas de gênero em revistas

Santos e Silva (2008) analisaram os ideais de feminilidade em matérias publicadas em duas revistas dirigidas ao público adolescente brasileiro, considerando aspectos ligados à sexualidade. As autoras iniciam dizendo que os meios de comunicação conseguem ser a principal forma propagadora de ideologias das camadas dominantes, além de serem reprodutores dos jogos de poder que podem estigmatizar determinados valores ou segmentos sociais.

Após selecionarem 37 matérias publicadas em revistas destinadas a adolescentes, Santos e Silva (2008) identificaram cinco cujos temas abordavam aspectos que envolviam o beijo e a troca de carícias sem intercurso social, isto é, o "amasso". O beijo é considerado como um ato natural e atrelado à afetividade. Apesar dessa naturalidade, as revistas publicam matérias em forma de manuais de conduta que descrevem modos de obtenção de um beijo considerado "bom". É interessante notar que dois manuais focam o bom desempenho da garota para agradar ao rapaz que será beijado, e, a partir de seu desempenho, seduzi-lo.

O que as autoras da pesquisa relatada nos parágrafos anteriores observaram é que ambas as revistas analisadas abordam em seus conteúdos ideias diversas e às vezes contrastantes do que é ser mulher e do que é feminilidade, sendo difundido apenas um ideal de masculino e masculinidade. No padrão observado, segundo Santos e Silva (2008), de relação entre gêneros, há a valorização da heterossexualidade, de relacionamentos duradouros e monogâmicos, com a valorização do amor romântico para as mulheres. As matérias conservam um padrão dicotômico de gênero, denotando uma polaridade, ou seja, mesmo num mundo que parece estar em constante mudança, as matérias prescrevem atitudes e comportamentos femininos que parecem avançados, porém visam a manutenção de um padrão dicotômico de gênero, no qual a iniciativa feminina é bem-vinda quando bem disfarçada.

Gravidez, drogas e violência na adolescência

Esses temas foram aqui reunidos em um único subtítulo, pois muitos estudos vêm sendo realizados sobre os mesmos. Um problema afeto à adolescência e ao exercício da sexualidade é a gravidez, que parece ter maior incidência em adolescentes de nível socioeconômico baixo. Gonçalves e Knaut (2006) dizem que, para as adolescentes da camada média, a gravidez interrompe temporariamente ou inverte planos de trabalho e estudo, e afeta menos a sociabilidade das jovens, pois estas contam com maior estrutura econômica e familiar para seguir sua vida.

Existem vários estudos sobre a gravidez na adolescência. Gonçalves e Knaut (2006) descrevem o aproveitar a vida, juventude e gravidez; já Caputo e Bordin (2007) investigam os problemas de saúde mental entre jovens grávidas e não grávidas, onde observam que existem mais frequentemente sintoma de ansiedade e uso de tabaco em adolescentes grávidas, em comparação com não grávidas, Moreira et al. (2007) verificaram que a gravidez é vista como um problema indesejado e que as adolescentes tinham medo de compartilhar sua descoberta com a família ou companheiro. Levandowski e Piccinini (2006), ao trabalharem com as expectativas em relação à paternidade em adolescentes e adultos, observaram que tanto adolescentes como adultos indicaram expectativas positivas quanto ao relacionamento com o bebê e a paternidade.

Com relação às drogas, Conte et al. (2008) realizaram trabalho que problematiza os atos toxicomaníacos e de delinquência na adolescência e as intervenções clínicas e legais que ocorrem nestas situações. Raupp e Milnitky-Shapiro (2005) trabalham com a análise de Programas de Políticas Públicas e adolescentes, enfocando a drogadição. Polanczyk et al. (2003) estudaram entre as escolas públicas de Porto

Alegre a prevalência da exposição à violência sexual entre adolescentes estudantes, onde se verificou que 2,3% dos adolescentes relataram terem sido vítimas de violência sexual; 4,5% tinham sido testemunhas de algum tipo de violência sexual e 27,9% relataram conhecer alguém que tenha sido vítima da violência sexual. Lordelo et al. (2002) realizaram um estudo longitudinal explorando as conexões entre uma história marcada pela violência doméstica e urbana numa família matrifocal.

As experiências iniciais com drogas ocorrem geralmente na adolescência, dizem Soares, Gonçalves e Werner Junior (2010), pois nessa etapa da vida geralmente ocorrem grandes mudanças biopsicossociais, sendo que pesquisas baseadas em ressonância magnética funcional mostraram que muitas e novas conexões cerebrais são formadas intensamente no cérebro adolescente. Uma complexa rede de neurônios é ativada quando fazemos atividades que causam prazer; essa busca por estímulos prazerosos está ligada a um "sistema cerebral de recompensa", onde todos os comportamentos que são reforçados por uma recompensa tendem a ser repetidos e aprendidos. Esse sistema visa garantir a sobrevivência, através de motivação para comportamentos como comer, beber, reproduzir-se. O uso de álcool e drogas ilícitas estimula esse sistema. Pelo fato das drogas provocarem inicialmente euforia e bem-estar, os adictos têm a falsa impressão de um efeito benéfico que com o uso repetitivo pode levar ao vício. Sendo que quanto mais cedo o início de uso das drogas maior será o risco de dependência, bem como de transtornos mentais e comportamento alterado.

4
Terceira idade

A partir de avanços ligados à medicina, à tecnologia, áreas afins à saúde humana, tem-se também um significativo aumento da expectativa de vida no final do século XX e início do XXI, além do surgimento das aposentadorias. Esses avanços fazem com que a velhice seja vista de maneira diferente e também se busca a partir de uma maior longevidade estudar-se a respeito do fenômeno.

A expectativa de vida do brasileiro ao nascer subiu para 74,9 anos em 2013, de acordo com o Instituto Brasileiro de Geografia e Estatística (IBGE). Em 2012, a expectativa era 74,6 anos. Segundo Rebouças et al. (2013), os censos demográficos demonstram que no Brasil, em 1950, a média de vida era de 43,3 anos. Em 2000, passou para 73,9 anos, sendo que análises mais desagregadas mostram uma vida média superior a 80 anos para mulheres que moram em áreas urbanas bem desenvolvidas.

Silva (2008) diz que o surgimento da categorização "terceira idade" passa a ser uma das maiores transformações por que passou a história da velhice. O enfoque sobre a velhice muda: antes vista como decadência física e invalidez, quietude e momento de descanso no qual o isolamento afetivo e a solidão dominavam, passa a significar momento de lazer, onde pode-se buscar a realização pessoal que ficou incompleta na juventude, bem como aponta também para a criação de novos hábitos, *hobbies*, e habilidades antes não desenvolvidas, e o cultivo de laços amorosos e afetivos alternativos à família (SILVA, 2008).

Silva (2008) diz que o surgimento de categorias etárias se relaciona com o processo de ordenamento social acontecido nas sociedades ocidentais, onde até o começo do século XIX fatores sociais, culturais e demográficos se combinavam de tal maneira que as sociedades pré-industriais não tinham a separação nítida ou buscavam entender as especializações funcionais de cada idade. A partir do século XIX surgem gradualmente diferenciações entre as idades e aspectos direcionados a funções, hábitos e espaços relacionados a cada faixa etária.

Como já visto anteriormente neste livro, por volta do final do século XIX surge a categoria infância, dentro da leitura de Philippe Ariès. Para Silva (2008) o trabalho de Ariès é considerado um paradigma no campo também do envelhecimento, pois é um dos mais difundidos exemplos de estudo histórico sobre a construção social de uma etapa de vida. O surgimento da ideia de infância dentro dessa perspectiva está atrelado ao conceito de família moderna e inspira os estudos históricos sobre outras categorias etárias como a velhice.

Para Katz (apud SILVA, 2008) "a velhice aparece como produção discursiva a partir da inserção dos sujeitos na série moderna de disciplinamento, sendo, sobretudo, resultado do investimento do discurso médico sobre o corpo envelhecido" (SILVA, 2008, p. 158). Ainda segundo Silva (2008) os saberes emergentes geriatria e gerontologia se interessaram inteiramente sobre o corpo velho e aspectos sociais da velhice, determinando o fato desta estabelecer-se como categoria social.

Na perspectiva da medicina moderna a velhice e o processo de envelhecimento são vistos como problemas clínicos, certezas biológicas e processos invariáveis, onde a morte passa a ser vista como resultado de doenças específicas da velhice e a longevidade possui limites biológicos; tem-se então que a velhice é a etapa necessária da vida onde o corpo se degenera.

Outro aspecto interessante a ser mencionado é que os interesses comerciais aproveitaram-se do conceito de velhice e terceira idade, e segundo Silva (2008) consolidam a conexão entre o planejamento da aposentadoria, a noção de terceira idade e a cultura do consumo, onde existe uma combinação de recomendações para o consumo de bens e serviços com informações e aconselhamento do enriquecimento e "empoderamento" da nova velhice. Em suma – os idosos viraram alvo da sociedade de consumo como segmento a ser explorado tal qual a infância ou a adolescência.

O desenvolvimento humano é o processo no qual o sujeito adquire uma maior compreensão, mais ampliada, diferenciada e válida do ambiente ecológico em que está inserido e torna-se também mais motivado e apto a envolver-se em atividades que, segundo Souza e Rodríguez-Miranda (2015), os sustentam e estruturam. Teixeira e Neri (apud SOUZA & RODRÍGUEZ-MIRANDA, 2015) mostram que, embora existam divergências entre autores, uma das leituras que podem ser feitas sobre o envelhecimento é o "envelhecimento *bem-sucedido*", que consiste num processo evolutivo, produtivo e saudável, onde o idoso deve adaptar-se às mudanças implícitas no envelhecimento normal do organismo (seja do ponto de vista biológico, seja psicológico), encontrando soluções para sua vida dentro das mudanças que ocorrem. O construto *envelhecimento bem-sucedido* influi numa visão otimista da vida, sendo isso uma maneira de compensar as perdas que vão ocorrendo, valorizando o que ainda subsiste.

A ideia que perpassa o envelhecimento bem-sucedido é a de que os idosos devem procurar escolher ou criar ambientes amigáveis para subsistirem e manterem-se ativos no momento atual da sociedade. Dessa maneira "o idoso seleciona objetivos pessoais nos quais deseja continuar a envolver-se, seja em função das metas que fixou para a sua vida, ou até mesmo mediante as suas capacidades e motivações ou exigências que o ambiente lhe coloca" (SOUZA & RODRÍGUEZ-MIRANDA, 2015, p. 40).

Souza e Rodríguez-Miranda (2015) mostram que uma nova postura que emerge em 2000, com a Organização Mundial de Saúde (OMS), é o *envelhecimento ativo*, onde o objetivo é aumentar a expectativa de vida saudável e como consequência a qualidade de vida para todos os sujeitos que vão envelhecendo, não esquecendo os mais vulneráveis, fisicamente incapacitados, que precisam sempre de cuidados. Neste enquadre a OMS propõe que no envelhecimento ativo exista a integração das muitas dimensões da vida pessoal e social e que se busque uma visão contrária à visão redutora, direcionada unicamente para a empregabilidade, entendendo-se o envelhecimento ativo como o processo de otimização das possibilidades de saúde, participação e segurança com a finalidade de melhorar a qualidade de vida à medida que as pessoas envelhecem (SOUZA & RODRÍGUEZ-MIRANDA, 2015).

Aposentadoria

Um aspecto que nos tempos atuais, como já dito acima, fez com que a velhice e a terceira idade sejam valorizadas, é a aposentadoria. Nesse sentido é interessante pensar que segundo Marcondes (2005) "uma questão central da teoria de Marx é o trabalho. O trabalho é uma relação invariante entre a espécie humana e seu ambiente natural" (MARCONDES, 2005, p. 229). O sujeito humano regula sua relação material com a natureza através do trabalho. As formas segundo as quais a natureza é objetificada mudam historicamente, dependendo das relações e organizações sociais do trabalho. Não há uma essência humana fixa, pois no processo de trabalho não só a natureza é alterada, mas o próprio sujeito (homem) que trabalha.

Alves (2014) observa que para Marx, no capitalismo, o trabalhador só tem a força do trabalho, diferentemente do feudalismo onde ele também tinha a posse da terra e tinha diferentes meios de subsistência e diferentes produtos se confrontavam para a troca. "O intercâmbio não cria a diferença entre as esferas de produção, mas as coloca em relação e as transforma assim em ramos mais ou menos interdependentes de uma produção social global" (MARX, apud ALVES, 2014, p. 49), diferentemente do capitalismo onde a estratificação social é criada por proprietários e não proprietários.

Embora a postura do autor do presente texto não seja marxista, pode-se pensar a questão do mundo do trabalho e da aposentadoria dentro do viés marxista como plena de razão, pois se o trabalhador na sociedade contemporânea só tem sua força de trabalho para venda, essa com o decorrer do tempo vai se exaurindo. Isto é, vendemos nossa força de trabalho até ela estar próxima de acabar e se nada for feito somos colocados de lado do mercado de trabalho e tudo que ele significa (contatos sociais, dinheiro etc.) para esperarmos a morte; embora essa seja uma visão pessimista, é uma possível leitura dos modos de produção.

Moreira (2011) realiza um estudo de caso com professores sobre os imaginários acerca da aposentadoria, velhice e trabalho. Rodrigues et al. (apud MOREIRA, 2011) situam que o modo de produção capitalista aliena o trabalhador e idolatra a produção e neste contexto a aposentadoria é frequentemente vivida como a perda do próprio sentido da vida, ocorrendo como uma espécie de morte social. O aposentado é um sujeito depreciado quando se valoriza apenas quem produz. Nesse sentido é de grande importância a preparação para a aposentadoria, e também a preparação da sociedade para lidar com o sujeito que se aposenta.

Embora a aposentadoria passe a ideia de envelhecimento associado à invalidez ou incapacidade, essa mesma ideia negativa possibilitou a aparição da concepção dos idosos como indivíduos de direitos, diz Moreira (2011). Parece que a aposentadoria tem dimensões positivas e negativas. Entre seus aspectos positivos tem-se: liberdade do trabalho, mais tempo para relacionamentos, novo começo, mais tempo para atividades de lazer e culturais. Já alguns pontos negativos podem ser: a falta de realização pessoal, de reconhecimento pelo trabalho, a falta dos relacionamentos afetivos que existiam no ambiente de trabalho e, no caso do Brasil, a queda de rendimentos, que muitas vezes ocorre com a aposentadoria (onde ganha-se apenas o suficiente para a compra de medicações usadas na manutenção de certo nível de saúde).

Sexualidade
Uma questão importante acerca da velhice é a tendência que ocorre em âmbito internacional de legitimar a inclusão da velhice no que diz respeito à sua sexualidade e que está, segundo Debert e Brigeiro (2012), como um dos pilares do "en-

velhecimento ativo", que é o modelo do envelhecimento mais generalizado no mundo atual. Os gerontólogos e sexólogos descrevem a prática sexual na velhice como uma atividade benéfica para o envelhecimento bem-sucedido. Os argumentos desses profissionais depreendem uma caracterização particular dos corpos, dos prazeres sexuais, da subjetividade masculina e feminina na velhice que pode ser pensada como a "erotização da velhice".

Em termos da história da velhice é interessante pensar que no final da década de 1960 duas teorias dominavam os enfoques no interior da gerontologia social – a Teoria do Desengajamento e a Teoria da Atividade. Em ambas a velhice é definida, segundo Debert e Brigeiro (2012), como um momento de perda de papéis sociais, e busca-se argumentar nos dois casos como acontece o ajustamento pessoal a essa perda. A Teoria da Atividade considera mais felizes as pessoas idosas que encontram atividades que compensam as perdas e permanecem ativos; já a Teoria do Desengajamento vê no desengajamento voluntário das atividades a chave do envelhecimento bem-sucedido. O que pode ser observado no momento atual é que a Teoria da Atividade passou a ser mais aceita.

Debert e Brigeiro (2012) apontam que, ao trabalhar-se com o envelhecimento, diferentes saberes especializados concordam na atualidade que a sexualidade não se esgota com o passar dos anos, ao contrário do que o senso comum propõe. A gerontologia e outras linhas de conhecimento afirmam que o declínio na frequência da atividade sexual com o avanço da idade é substituído por uma intensidade ampliada de prazer, tendo-se aí uma posição teórica contraditória: "ao menos no nível ideal, defendem que a sexualidade não depende da idade dos sujeitos, e ao mesmo tempo sustentam que o envelhecimento facilitaria uma experiência sexual mais gratificante" (DEBERT & BRIGEIRO, 2012, p. 38).

Há um questionamento por parte de Debert e Brigeiro (2012), que dizem que o processo de erotização da velhice conduzido pelos especialistas reproduz uma normatividade heterossexual e sugere como prescrição para um envelhecimento bem-sucedido uma inversão do que é considerado como próprio da sexualidade feminina e masculina; sendo a desgenitalização da sexualidade masculina, onde valorizam a ideia de que homens na velhice explorem novas áreas de prazer em seus corpos em uma sexualidade mais complexa e difusa, tal qual se reconhece ser típico do universo feminino. E, no caso das mulheres, um dos caminhos para a atividade sexual é o questionamento dos códigos morais mais restritivos que supostamente fundamentaram seu aprendizado acerca da sexualidade.

Tem-se então, segundo Debert e Brigeiro (2012), que "uma velhice sexualmente ativa vem se estabelecendo como um ideal defendido por gerontólogos e outros especialistas afins ao tema, e é intensamente propagado pelos meios de comunicação de massa" (DEBERT & BRIGEIRO, 2012, p. 39). Para Debert e Brigeiro (2012), a maioria das publicações na atualidade menciona a existência de uma concepção social do fim de vida sexual na velhice como generalizada e errônea. Os especialistas buscam demonstrar que o curso de vida sexual não se extingue ao longo dos anos, sendo que no caso dos idosos a busca é a de "maximizar" ou "otimizar" o exercício sexual dos mesmos.

Para os especialistas, dizem Debert e Brigeiro (2012), os homens idosos seriam mais limitados na sua concepção de sexualidade, comparando-os às mulheres, tendendo a concentrar seus interesses na região genital e no recurso à penetração. Os homens idosos são descritos como mais interessados por sexo e possuindo maior número de relações sexuais em comparação às mulheres. Já com relação às mulheres e à vida sexual na velhice, os especialistas apontam que as mesmas têm a sexualidade de forma mais complexa, "menos localizada" e mais reprimida, onde a sociedade tinha maior controle, o que pode vir a ser a dificuldade de desfrutar a sexualidade na velhice.

Embora haja um esforço dos gerontólogos para desgenitalizar os corpos, a indústria farmacêutica corre na direção contrária ao reduzir a sexualidade aos termos de disfunções sexuais tratáveis e acentuar a penetração como cerne das preocupações do homem idoso. Segundo Debert e Brigeiro (2012), várias pesquisas destacam o lançamento do Viagra® como um marco paradigmático nas formas de pensar sobre sexo. "As imagens que ajudam a construir o Viagra® no universo simbólico brasileiro se reduzem à do casal heterossexual, no qual o homem é valorizado, sobretudo, por sua potência sexual e por assumir o protagonismo no encontro erótico com a parceira" (DEBERT & BRIGEIRO, 2012, p. 44).

Lima e Silva et al. (2012), ao trabalharem com pesquisa sobre satisfação sexual entre homens idosos com uma amostra de 245 homens de 60 a 95 anos, em Recife, dizem que o modelo de masculinidade é um homem jovem, produtivo, bom provedor financeiro, cujo local de atuação é a rua e que no ambiente doméstico tem o poder de decisão sobre seus dependentes e agregados que habitarem o espaço. Esses mesmos padrões associam a velhice à perda de autonomia e valor social. A sexualidade do homem idoso está permeada por um jogo complexo "em que, por um lado, estimula-se/exige-se uma prática sexual intensa, associada a uma ideia de "qualidade de vida", ou, mais amplamente, de saúde (LIMA, & SILVA et al., 2012, p. 178), sendo que ao mesmo tempo mantém um jogo de regras morais que restringem, controlam e normatizam práticas sexuais levando a um modelo heteronormativo hegemônico que indiretamente se inscreve em palavras e práticas nas instituições religiosas e também instituições de saúde.

Embora no Brasil não existam muitas pesquisas ligadas à questão da homossexualidade e pessoas idosas, elas existem. Santos e Lago (2013), pesquisadores ligados à UFSC, realizaram uma pesquisa buscando problematizar alguns modos possíveis de estilização da experiência do envelhecimento e homoerotismo. A pesquisa ocorreu num bar GLS de Santa Catarina, conhecido como "bar de ursos" (homens peludos), frequentado por homens mais velhos, onde foram ouvidos alguns homens que, quando jovens, foram confrontados pela família e por pressões sociais a se casarem com uma mulher, muitos deles tendo filhos e netos. "Os homens, nesse caso, veem-se diante do imperativo moral da reprodução, da paternidade, do matrimônio e do papel de provedor" (SANTOS & LAGO, 2013, p. 122). Outro artigo que articula os discursos de objetificação dirigidos a homens idosos que exercem práticas homoeróticas é o de Fernando Pocahy, 2012.

Num estudo sobre papéis sociais de gênero na velhice, Fernandes (2009) fez uma oficina de reflexão, e é interessante observar que, no discurso do grupo masculino, os mesmos acham que devem estar bem (manter-se ativos, praticar esporte, andar bem cheirosos, continuar vivendo como se fossem novos); serem o cabeça da família (trabalhar para manter a família, administrar a casa); auxiliarem a esposa (ter carinho com a esposa, ajudá-la, realizar o trabalho de casa para ela, não ficar parado). As mulheres completaram a assertiva – como idosa eu devo...: cuidar da família e da casa (cuidar dos filhos e netos, ser boa conselheira, ajudar os filhos, cuidar dos deveres como dona de casa); cuidar da saúde (ir ao médico, fazer exercícios, caminhar); e me comportar como mulher idosa (saber me vestir, ter uma conversa decente, madura).

Universidades da terceira idade

A partir da década de 1990, começaram a aparecer no Brasil espaços voltados para o encontro de pessoas idosas, em geral espaços estes ligados a universidades. Segundo Irigaray e Schneider (2008), esses espaços vêm sendo chamados de programas para a terceira idade. Entre as atividades que são ofertadas ao idoso, as universidades abertas à terceira idade destacam-se com programas de educação permanente de caráter multidisciplinar e universitário e têm como pressuposto a promoção da saúde, bem-estar psicológico e social e cidadania das pessoas idosas (IRIGARAY & SCHNEIDER, 2008).

Como já visto acima, uma experiência de convivência entre pares na terceira idade são as universidades abertas; nesse sentido existe um projeto em Paranaguá, chamado Unati (Universidade Aberta à Terceira Idade), que funciona há mais de 16 anos, vinculado à Unespar (Universidade Estadual do Paraná), e onde o autor deste trabalho fez uma breve pesquisa com os 44 idosos (70% mulheres) participantes, em que a pergunta central foi: Como você se sente nessa faixa etária e participando da Unati? Cabe ressaltar que o projeto tem um trabalho de palestras semanais com professores da universidade, viagens, Yoga, Tai Chi Chuan, coral, dança, entre outras atividades.

Numa breve categorização das respostas obteve-se que a grande maioria sente-se motivada a participar pela convivência com outros idosos onde a troca de experiências é valorizada, o encontro de amigos fora do círculo familiar é enriquecedor, o aprendizado de novos conteúdos auxilia no dia a dia propiciando melhora na qualidade de vida. As discussões sobre o papel da mulher levam a percebê-la como "empoderada" no momento presente, é o que diz uma das participantes. Há um aumento na percepção da autoestima através da convivência. Muitas das mulheres se sentem na melhor fase da vida, especialmente porque os filhos já estão criados e tem-se tempo livre. Alguns idosos apontaram que conseguiram sair de uma atitude depressiva pela convivência. Muitos disseram que, embora tenham mais de 65 anos, têm uma expectativa de futuro. E como será visto um pouco mais adiante, muitos apontaram para questões espirituais como a crença numa força divina que lhes dá proteção.

Religiosidade

O conhecimento que já está acumulado sobre como as pessoas vivenciam o envelhecimento, dizem Fernandes e Garcia (2010), aponta a diversidade e plasticidade como características principais, direcionando para o fato de que nem todos vivemos o processo de envelhecimento da mesma maneira, uma vez que esse fenômeno relaciona-se estreitamente às formas materiais e simbólicas que identificam cada sujeito na sociedade.

Luz e Amatuzzi (2008) dizem que a religião, a arte, a ciência, a natureza, a educação, a filosofia, bem como a literatura, são caminhos para se chegar a uma transformação pessoal, sendo a partir desse princípio que a vida de um sujeito idoso pode vir a ser de grande riqueza interior em relação ao encontro com sua própria essência, seu próprio *self*. Nesse sentido "vários estudos sugerem que a espiritualidade pode servir como fator de proteção, podendo influenciar a vida da pessoa por meio de emoções positivas" (LUZ & AMATUZZI, 2008).

Em pesquisa com 30 idosos, Gutz e Camargo (2013) obtiveram que a representação social das idosas com 80 ou mais anos sobre a espiritualidade está vinculada nas ideias de: 1) Religiosidade; 2) Proteção divina frente ao dia a dia; 3) Transcendência da matéria (a existência de um lugar que abrigará o ser humano após a morte). Já para os homens idosos, com mais de 80 anos, a espiritualidade "está ancorada nas ideias de: 1) Conexão com Deus; 2) Transcendência da existência mundana; 3) Qualidade de pensamento: importância da honestidade no convívio interpessoal" (GUTZ & CAMARGO, 2013); e por último: Responsabilidade humana (diante de escolhas e consequências da vida). É interessante observar que as idosas tratam sua espiritualidade como preparação e preocupação com a vida após a morte; já os homens idosos relacionam a espiritualidade a maneiras de viver essa vida.

5
O desenvolvimento humano: psicanálise

Embora estejamos no século XXI parece que as ideias de Freud e dos psicanalistas ainda causam espanto quando o que se tem como pauta é a sexualidade infantil. Já no início de três ensaios sobre a Teoria da Sexualidade, de 1905, Freud (1905/1980) diz que a opinião popular tem ideias muito precisas a respeito da natureza e das características do instinto ou pulsão sexual. "A concepção geral é que ele está ausente na infância, que se manifesta na ocasião da puberdade em relação ao processo de chegada da maturidade" (p. 25); e se revela nas manifestações da atração exercida por um sexo sobre o outro; quanto ao seu objetivo, presume-se que seja a união sexual ou pelo menos atos que conduzam nessa direção.

Deve-se pensar que a sexualidade para Freud e psicanalistas é muito mais ampla daquilo que nós adultos entendemos por sexualidade. Geralmente quando se pensa em sexualidade, pensa-se em sexualidade genital. A psicanálise entende a sexualidade como muito mais ampla que só a genitalidade adulta. Kusnetzoff (1994) diz que a sexualidade na psicanálise é uma sexualidade que tem pouco a ver com a genitalidade, já que está ligada a carinho, afeto, a modalidade de relacionamento, ou seja, a significações. Apenas sob o ponto de vista de processo a sexualidade adulta é uma continuidade da sexualidade infantil. Para o pediatra, por exemplo, é importante a frequência das mamadas, a quantidade etc., já para o psicanalista é a forma, o como se realizam estas funções.

Freud observou que as crianças mamam e após a satisfação da fome ainda continuam o processo de sugar, mesmo estando já satisfeitas. A essa primeira classe de instintos Freud denomina de instintos de autoconservação – isto é, tem um objetivo específico (ex.: fome/alimento) e sua satisfação não pode ser adiada. Já a segunda etapa, que ele chamou de instintos sexuais, não tem objeto específico e não exigem satisfação imediata. Sua satisfação pode ser adiada não comprometendo a vida do sujeito.

A predominância adulta é genital, na sexualidade infantil é muito variável, disputando primazias no percurso do desenvolvimento: ora oral, ora anal, ora genital, ora oral-genital. Seus fins não tendem ao coito, sendo que o coito fica ao nível da fantasia, como autorreferência, donde a denominação autoerótica. A sexualidade infantil é composta por pulsões parciais. Só no adulto é que se alcançam níveis totais, integradores desses fragmentos. No adulto temos a "primazia genital", ou seja, o pênis, o clitóris, a vagina e toda zona genital passam a ser capazes de concentrar toda energia ou excitação que anteriormente se encontrava espalhada, repartida em outras zonas (KUSNETZOFF, 1994).

Para Freud (1915-1980), em "as pulsões e seus destinos" temos:

$$\frac{Corpo}{Psíquico} \; Pulsão = ser\ de\ passagem$$

Embora muitos autores prefiram usar instinto como termo para pulsão, pode-se pensá-lo como pertencente aos animais; já nos humanos o termo *trieb* (espécie de pressão) ou pulsão pode ser mais bem-entendido, pois acontece aí uma modificação da disposição inata, onde, segundo Justo (2004), a pulsão enquanto representação mental e fenômeno psicológico assume autonomia em relação ao biológico, abrindo caminhos para as variações quanto aos objetos, objetivos, zonas erógenas e grau de realização de um desejo. Tem-se então a pulsão como ser de passagem entre o somático e o psíquico (no psíquico o representante da pulsão somática) e a pulsão composta ou caracterizada por: pressão, finalidade, objeto, fonte.

Zornig (2008) diz que a concepção clássica de instinto elege como modelo um comportamento que se caracteriza por sua finalidade fixa, pré-formada, com um objetivo e objeto determinados; já a noção freudiana de sexualidade defende a ideia de que a sexualidade humana não é instintiva, pois o homem busca satisfação e prazer através de diversas modalidades, baseadas em sua história individual e ultrapassando as necessidades fisiológicas fundamentais. Dessa forma, se a sexualidade se inicia com a anatomia (no nascimento), sua conquista depende de um longo percurso durante a construção da subjetividade da criança.

Por **pressão** (*Drang*) entende-se a quantidade de força ou a medida da exigência de trabalho que ela representa, sendo a característica de exercer pressão, comum a todos os instintos. A **finalidade** (*Ziel*) de uma pulsão é sempre sua satisfação que só pode ser obtida eliminando o estado de estimulação na fonte da pulsão. Os caminhos para a satisfação de uma pulsão podem ser variados embora a finalidade seja sempre satisfação. O **objeto** (*Objekt*) de uma pulsão é a coisa à qual ou através da qual a pulsão é capaz de atingir sua finalidade. É o que há de mais variável numa pulsão e originariamente não está ligado a ela. Em geral está relacionada a uma pessoa cujo bebê ou o adulto está vinculado. Por **fonte** (*Quelle*) de uma pulsão entende-se o processo somático que ocorre num órgão ou parte do corpo e cujo estímulo é representado na vida mental pela pulsão. Por vezes a fonte pode ser inferida de sua finalidade (FREUD, 1915-1980).

A pulsão sexual parece ter os seguintes **destinos:**

1) Reversão ao seu oposto (p. ex., nos pares de opostos: sadismo-masoquismo, e escopofilia-exibicionismo). A reversão afeta apenas a finalidade da pulsão.

2) Retorno em direção ao próprio eu do indivíduo, estando a tal ponto vinculado à organização narcisista do Ego.

3) Recalcamento, duas fases: 1ª) repressão primeva: 2ª) repressão propriamente dita (FREUD, 1915-1980).

Na **repressão primeva**, que consiste em negar entrada na consciência ao representante psíquico (ideacional) da pulsão, e estabelece-se uma fixação; a partir de então o representante em questão continua inalterado e a pulsão permanece ligada a ele. A segunda fase, **a repressão propriamente dita**, afeta os derivados mentais do representante recalcado, ou sucessões de pensamentos que se originando em outra parte tenham entrado em ligação associativa com ele. Por causa dessa associação, essas ideias sofrem o mesmo destino daquilo que foi inicialmente recalcado. Na realidade, portanto, o recalcamento propriamente dito é uma pressão posterior (FREUD, 1915-1980). **Sublimação**: Transformar em algo aceitável socialmente a pulsão sexual, bem como a pulsão agressiva. Segundo Fadiman e Frager (2002), a sublimação é o processo através do qual a energia dirigida originalmente para propósitos sexuais ou agressivos é direcionada para outras finalidades, em geral para o trabalho, os esportes, lazer, enfim situações consideradas socialmente úteis. A **essência do recalcamento** consiste simplesmente em afastar determinada coisa da consciência, mantendo-a a distância (FREUD, 1915-1980).

As etapas ou estágios do desenvolvimento

Kusnetzoff (1994) diz que as etapas não seguem uma cronologia definida, existindo sempre uma interpenetração das etapas. A genitalidade é que ordena todo o processo anterior enfileirado por trás dela. Os principais momentos evolutivos da criança e do ser humano são as etapas: oral, anal, fálica (Complexo de Édipo), latência, genital (adulta).

- **Estágio oral**

Neste estágio, que compreende o início da vida, segundo Teles (2001), a sexualidade do sujeito (i. é, a sua sensibilidade, a sua necessidade de prazer, o seu impulso à vida, a sua fonte de conhecimento e incorporação) está na boca.

a) Fonte: define-se como estágio a fonte corporal das excitações pulsionais. Dá-se predominantemente na zona bucal. A boca, embora proporcione um referencial concreto e preciso, deve ser tomada apenas como um modelo de relacionamento nesta etapa.

A boca pode ser entendida simbolicamente como: 1) Complexo aerodigestivo, incluindo, sobretudo na primeira etapa, todo o trato gastrointestinal; 2) Os órgãos da fonação e da linguagem; 3) Todos os órgãos dos sentidos: olfato, paladar, visão e audição; enfim as cavidades que têm relação direta com o mundo exterior; 4) A pele, com suas funções superficiais (tato) ou profundas (sensações proprioceptivas).

Pensar em boca com esse simbolismo mais amplo implicará também imaginar quando o bebê se sente no colo da mãe, vivenciando sensações de ser contido, tomado, chupado, tocado por uma imensa boca. Nesse período o bebê não diferencia o que é uma mão, uma perna, ou uma boca propriamente dita; e muito menos determina onde termina ele e começa o outro. Não distingue os estímulos nem o conteúdo dos mesmos. Daí conclui-se que funcionará como alimento o que o neném tocar ou aquilo que o tocar (KUSNETZOFF, 1994).

b) Objeto: o objeto da etapa oral é o seio (tudo aquilo que se refere ao seio materno ou o substitui). Pode-se observar que seio (é mais amplo que só objeto) também são braços da mãe, os músculos que seguram o neném, a voz que fala contemporaneamente à incorporação do leite etc. O vínculo seio-boca é herdeiro do vínculo estabelecido entre o feto e a mãe; isto é, o seio será substituto do cordão umbilical. A diferença é que o seio é uma conexão descontínua, embora concreta. Existe nessa fase uma fantasia de restituição do vínculo perdido e simbiose biológica intrauterina (KUSNETZOFF, 1994).

c) Finalidade pulsional: de acordo com Kusnetzoff, 1994, temos uma dupla finalidade pulsional: O leite para subsistência (pulsão de autoconservação) e um *plus* de satisfação sexual (pulsão sexual).

Divisões da oralidade
Karl Abraham subdivide a oralidade em dois subperíodos:
- Oral primário: até aproximadamente 6 meses de idade. É também conhecido como fase pré-ambivalente; estágio

narcísico primário, ou estágio anaclítico. Tendo como características desse subperíodo: 1) Predominância da incorporação proveniente do mundo externo sob a liderança das necessidades biológicas de autoconservação. 2) A satisfação autoerótica como substituto compensatório nos momentos que o objeto outorgante da satisfação não está presente. 3) Indiferenciação entre o neném e o mundo exterior. Simplificando, ele acredita ainda encontrar-se no útero. Alguns autores colocam que existe uma ausência de amor ou de ódio propriamente ditos. Embora M. Klein adultifique esse processo (KUSNETZOFF, 1994).

• Oral secundário ou canibalístico: Depois de mais ou menos 6 meses, sendo este período caracterizado pelo aparecimento dos dentes (que dão o nome canibalístico ao subperíodo). A criança se vincula pela primeira vez com o mundo exterior mordendo. A incorporação dos objetos é predominantemente sádica, destrutiva e o objeto incorporado é vivido no interior do aparelho psíquico primitivo como mutilado, atacado, no sentido descritivo. Esses subperíodos estão associados na vida posterior e vida adulta à depressão e melancolia (KUSNETZOFF, 1994).

Relacionamento de objeto: as diferentes modalidades de como o sujeito organiza seus objetos internos e externos e também o modo pelo qual esses modelam a conduta do sujeito e que nesse início de vida está associado à mãe. A mãe é o primeiro objeto com o qual o ser humano se relaciona. A mãe deve ser entendida como uma função: mãe é todo ser humano que alimente o neném e lhe proporcione calor, sustentação espacial, contato dérmico, estímulos auditivos etc. Essas funções podem ser realizadas por qualquer pessoa, independente de sexo, idade ou vínculo de parentesco com a criança (KUSNETZOFF, 1994).

Para o neném a visão, a audição, as multivariadas e caleidoscópicas sensações provindas de infinitas fontes, são fragmentos de uma realidade e por isso são denominadas parciais e não unificadas. Se existe uma consciência inicial no neném, esta é fisiológica, dependendo das porções polares de tensão e relaxamento. Assim é que ele observa e codifica o mundo em torno dele, ou seja, o mundo é tenso e sem prazer ou é relaxado e prazeroso. Os objetos parciais (recortes da realidade) se encontram condensadamente constituídos por fragmentos daquilo a que chamamos mãe e fragmentos das próprias sensações corporais do neném. Visto que ele ainda não tem noção do que é seu e do que pertence aos outros (KUSNETZOFF, 1994).

Relação de dependência com o objeto primário

O homem é um dos poucos seres da natureza que nasce desprotegido, desarvorado. Se não houver uma ajuda externa para socorrê-lo, alimentá-lo, abrigá-lo, sustentá-lo, contê-lo, este recém-nascido morrerá. Essa dependência inicial do ser humano coloca-o "à mercê" de objetos exteriores. Tem-se então que somente outro ser humano pode humanizar. Encontramos nessa situação um paradoxo fundamental e básico: para poder ser independente, tem que depender. E, *a posteriori*, para poder se tornar independente deverá livrar-se das marcas da dependência. A construção linguística: in-dependência significa literalmente incorporação, interiorização de uma dependência. Sempre o sujeito humano levará então a marca da dependência (KUSNETZOFF, 1994).

A evolução no conhecimento dos objetos, na etapa oral, acontece da seguinte maneira: Os momentos de ausência (do seio) terão grande importância. Os pequenos estados de consciência dependerão da sensação de espera que a criança começa a ter daquele objeto-seio que lhe satisfez anteriormente. A diferenciação das percepções começa a ser feita progressivamente; e em vez de tenso/relaxado agora temos confiança ou conhecido X estranhos e duvidosos. Os estranhos são sentidos como perigosos (dando origem a sentimentos de ódio) e os conhecidos – amor. A criança começa a sintetizar o código linguístico (verbal e não verbal) da mãe.

O mundo do bebê (mundo fantástico) é bivalente; isto é, ele organiza suas percepções sentindo que alguns objetos lhe dão prazer e satisfação e outros dão insatisfação e desprazer. (Na Teoria Kleiniana objetos bons e maus.) Sendo essas experiências em nível de sensações, podemos a elas nos referir por metáforas, assim dizemos: são objetos bons, protetores, calmantes etc. O desmame: Por volta dos 12 meses o seio é retirado do neném. Para o observador isso pode ser de forma brusca e dramática ou paulatinamente, a cada mamada. Há um lento afastamento do seio.

Zornig (2008) diz que as etapas do desenvolvimento libidinal (oral, anal e fálica) propostas por Freud devem ser pensadas não só como privilegiadoras de zonas erógenas do corpo em um determinado momento do desenvolvimento geral da criança; mas também como inscrições que se fazem no psiquismo a partir das relações estabelecidas entre a criança e os adultos que ocupam a função de pais. É necessário que uma mãe dê ao seu bebê uma dimensão subjetiva, um estatuto singular para que o mesmo possa se reconhecer, além do corpo orgânico, biológico, com um sujeito dotado de importância para o outro. Assim, o narcisismo inicial da criança implica a possibilidade de amar e reconhecer um corpo que foi investido e erotizado por um outro na infância (i. é, a criança é catexizada de energia pela mãe) e talvez seja este um dos motivos de, em nossa cultura, darmos tanto valor ao olhar: o olhar como reconhecimento de nós mesmos, olhar como suporte de nosso eu, mas olhar também como "mau-olhado", como destruição, e como perseguição.

Na primeira infância, continua Zornig (2008), o olhar e a voz são elementos privilegiados na organização do psiquismo infantil. O olhar, por ter essa dimensão de unificar o corpo do bebê, humanizando-o; já a voz como referencial simbólico que dá à criança um lugar e inicia uma narrativa que mais tarde a criança vai resgatar e modificar. Assim, na fase oral a boca não se constitui somente em um órgão privilegiado de satisfação, mas principalmente em um tipo de relação entre o bebê e a mãe. Quando mama, o bebê se nutre do leite para satisfazer uma necessidade orgânica, mas principalmente para se alimentar do olhar, da voz, do amor da mãe. Por ser um momento muito precoce da vida do bebê, a forma de relação estabelecida com a mãe é uma forma de incorporação, já que o bebê se "nutre" dela.

No desenvolvimento humano, muitos objetos que instituem o sujeito perdem-se pelo caminho, objetos esses que poderíamos chamar, de acordo com Lacan, de "objeto a" (objeto pequeno a); estes objetos, que ao perderem-se, não mais serão reencontrados, embora exista no ser humano uma busca dos mesmos no decorrer da vida toda, como que um buraco, para o qual não se encontra um fechamento, não há como colmatá-lo. Podemos situar que os principais objetos perdidos no decorrer do desenvolvimento são: o seio, as fezes, o olhar ou mirada, e a voz.

Assoun (1999) diz que o olhar é dito, de outro modo, como o termo mais característico para mostrar a função própria do objeto a. "Antes mesmo que eu me 'veja' no espelho, já sou olhado, deixado ao poder do visível, sitiado e descoberto, exposto ao olhar do Outro" (p. 91). Aí se sustenta a pré-história do espelho. Existe já no mundo algo que olha antes de haver um olho para vê-lo.

- **Estágio anal**

Entre 2 e 4 anos, de acordo com Fadiman e Frager (2002), as crianças geralmente aprendem a controlar os esfíncteres anais e a bexiga. A criança presta uma atenção especial à micção e evacuação. O treino de toalete desperta um interesse natural pela autodescoberta. A obtenção do controle fisiológico se liga à percepção de que esse controle é uma nova fonte de prazer. Além do mais as crianças aprendem rapidamente que o crescente nível de controle lhes traz atenção e elogios por parte de seus pais.

O início do segundo ano de vida irá marcar, diz Fiori (1981), as conquistas infantis de autodomínio e socialização. Esta fase é caracterizada pela intensa explosão muscular e movimentação infantil. A criança emerge dos primeiros passos inseguros, do andar na ponta dos pés, braços erguidos para tentar um difícil equilíbrio, atingindo a corrida livre no final do terceiro ano.

Kusnetzoff (1994) diz que no segundo e terceiro anos de vida a criança progressivamente vai afastando-se dos pais, desenvolvendo algumas funções, como: a) engatinhar e andar, b) a linguagem, c) o progressivo aprendizado de funções fisiológicas que requerem controle motor: comer sozinho (sem ajuda de terceiros) e controle esfincteriano.

a) Fonte: a região anal se encontra em funcionamento desde o começo da vida, mas só adquire grau de ativação libidinal quando as condições neurofisiológicas de amadurecimento e do meio ambiente ressaltem a musculatura voluntária como o centro principal do desenvolvimento. Este estágio se denomina anal porque o ato de defecação ocupa um lugar importantíssimo no desenvolvimento da criança; porém não se resume apenas no controle esfincteriano. Este serve de modelo para o controle motor em geral, sensações de domínio, prazer na expulsão ou retenção etc. (KUSNETZOFF, 1994).

A fonte pulsional corporal, ou zona erógena parcial, de onde emanam as pulsões neste período é a mucosa anorretal, que terá a seu cargo sensações conscientes de um processo muito importante para a autoconservação: a eliminação dos resíduos alimentares indigeríveis. Poderíamos dizer que o ânus será uma nova boca, enquanto separa e une dois mundos em dois movimentos diferentes. O mundo exterior que no estágio oral era representado pelo peito, e, como já vimos, a criança não distingue nem diferencia, passa agora a ser nitidamente discriminado como elemento distinto do mundo interior. É o esfíncter anal que faz essa delimitação, as fezes passando a ser vivenciadas como conteúdos internos que são exteriorizados (KUSNETZOFF, 1994).

b) Objeto: o objeto no estágio anal é mais difícil de ser distinguido. É necessário dizer que, embora estejamos estudando a etapa anal de maneira isolada, só pedagogicamente é assim. Ela é herdeira da etapa oral, ficando essa ativa, mas superada pelas novas formas que as exigências do crescimento vão determinando. Ou seja, a etapa anal tem características específicas que a distinguem, mas não é possível estudá-la sem levar em conta seus antecedentes históricos (KUSNET-ZOFF, 1994).

A mãe continua sendo o objeto privilegiado da criança, só que agora visualizado por completo (objeto total); porém, além da mãe desempenhar a função de alimentar a criança, demonstra interesse na capacidade da criança de controlar ativamente esfíncteres, mãos, deslocamentos espaciais etc. Para a criança, a mãe será tudo aquilo que tentar manipulá-la, e que, por sua vez, ela também manipulará, tendo como modelo o controle e manipulação das fezes (KUSNETZOFF, 1994).

As primeiras descobertas psicanalíticas foram justamente o controle e manipulação que os obsessivos fazem com objetos reais e até com os pensamentos, tratando-os como se fossem "bolos fecais", que se retém, se expulsam e com os quais se obtém prazer. Assim, o ruminar obsessivo de um pensador qualquer tem sua origem e modelo na capacidade de controlar a musculatura esfincteriana, sendo o bolo fecal objeto intermediário entre a criança e o mundo exterior, um herdeiro do peito e precursor do pênis (KUSNETZOFF, 1994).

O bolo fecal pode ser visto como: 1) Como elemento concreto é um excitante da mucosa anorretal. A sensação de prazer é primariamente fisiológica ou adquirida por aprendizado, ou as duas coisas juntas. 2) O bolo fecal é expulso do corpo da criança, é um elemento que dele se desprende em definitivo. Com o seio o movimento da criança é centrípeto (i. é, voltado para ela própria), já nas fezes ele é centrífugo (há exteriorização de conteúdos internos). Nesse sentido o bolo fecal contribui para modelar a noção do que é interno e do que é externo ao sujeito. Compreende-se então que o medo de seu deglutido na fase oral é substituído, na fase anal, pelo medo de ser despojado do conteúdo corporal. Essa fantasia inclui vários matizes: ser arrancado, ser violentado e, sobretudo, ser esvaziado. 3) O bolo fecal vai representar um valor de troca entre a criança e o mundo exterior. Eis aqui o substrato do que Freud disse: fezes = presentes que se oferecem ou se recusam, e igual a dinheiro. O valor tem suas raízes na fase anal mediante as maneiras pelas quais as fezes foram valorizadas ou desvalorizadas (KUSNETZOFF, 1994).

c) Finalidade pulsional: Karl Abraham aponta dois estágios: Fase anal expulsiva e fase anal retentiva. Na fase anal expulsiva: O prazer é fornecido por três vias: a) A via fisiológica (agradáveis sensações na zona anorretal quando se eliminam as fezes) – Prazer autoerótico. b) A via social que, apoiando-se na via fisiológica natural, outorga importância a essas funções e conduz a criança a reforçar o interesse na função evacuatória e em tudo que ela conota: puxar, empurrar, fazer esforço – libertar-se de uma tensão. c) A via contingente, constituída pela introdução na zona anal de medicamentos como supositórios, tomadas de temperatura ou lavagens frequentes (KUSNETZOFF, 1994).

A primeira fase anal (expulsiva) proporciona dois aspectos a serem observados: 1º) O autoerotismo. 2º) O aspecto sádico. A dupla origem do sadismo na fase anal: O ato fisiológico de expulsão das fezes e as fezes em si são vivenciados pelas crianças como ato e objetos de escasso valor, e é por esse motivo que acontece o ato de expulsão (observe-se aqui o sentimento de descrédito, de desprezo tão comum nas fantasias dos pacientes). O outro aspecto do sadismo está ligado a diversos fatores sociais, que ensinam a criança a instrumentalizar-se. Nesta fase expulsiva querem justamente o contrário: ensiná-la a reter, a se limpar, a ser "educada" (KUSNETZOFF, 1994).

Na segunda fase anal (retentiva) o prazer se encontra no ato de retenção das fezes, mas a origem desse prazer é igual nas duas fases, embora instrumentalizado de maneira diferente. Duas vertentes psicopatológicas estão associadas à etapa anal – o sadismo e o masoquismo, com seu sentimento de poder, noção de propriedade privada –, à noção de posse, aos sentimentos de onipotência e de superestimação narcísica. Outras situações ligadas a essa etapa são a bi e homossexualidade; a atividade e passividade, bem como o narcisismo anal (KUSNETZOFF, 1994).

Com respeito à pulsão sexual e o erotismo anal, Freud, em um texto de 1908, *Caráter e erotismo anal*, diz:

> Mas as quantidades de excitação que provêm dessas partes do corpo não sofrem as mesmas vicissitudes, nem têm destino igual em todos os períodos da vida. De modo geral, só uma parcela delas é utilizada na vida sexual; outra parte é defletida dos fins sexuais e dirigida para outros – um processo que denomina-se de "sublimação". Durante o período de vida que vai do final do quinto ano às primeiras manifestações da puberdade (por volta dos 11 anos), que pode ser chamado de período de latência sexual, criam-se formações reativas, ou contraforças, como a vergonha, a repugnância e a moralidade. Na verdade surgem às expensas das excitações provenientes das zonas erógenas e erguem-se como diques para opor-se às atividades posteriores dos instintos sexuais. Ora, o erotismo anal é um dos componentes do instinto sexual que, no decurso do desenvolvimento e de acordo com a educação que a nossa atual civilização exige, se tornarão inúteis para fins sexuais. Portanto, é plausível a suposição de que esses traços de caráter – a ordem, a parcimônia e a obstinação –, com frequência relevantes

nos indivíduos que anteriormente eram anal-eróticos, sejam os primeiros e mais constantes resultados da sublimação do erotismo anal (FREUD, 1908-1980).

A etapa anal está vinculada à neurose obsessiva, onde a limpeza, a ordem e a fidedignidade dão exatamente a impressão de uma formação reativa contra um interesse pela imundície perturbador que não deveria pertencer ao corpo.

- **O estágio fálico**

Em torno do terceiro ano de vida, os estágios precedentes são abandonados, passando a fazer parte da estrutura psicossexual da criança, acontecendo então o estágio fálico. Neste estágio os órgãos genitais serão alvo da concentração energética pulsional, enfileirando-se todas as outras pulsões anteriores e parciais sob seu comando. O que conta, como o nome do estágio indica, é o órgão anatômico masculino, que adquire o monopólio de ser o único valor de existência tanto para o menino, que realmente o possui, quanto para a menina, que dele carece (KUSNETZOFF, 1994).

Durante esse período, de acordo com Fadiman e Frager (2002), tanto homens (meninos) quanto mulheres (meninas) desenvolvem sérios temores sobre questões sexuais. A descoberta que lhe falta algo constitui um momento crítico (angústia) no desenvolvimento feminino. O receio de vir a perder o que "ganhou" ao nascer é fator de angústia para o menino. Em meninos, o Complexo de Édipo se apresenta em semelhança (simbólica) à peça de Sófocles. Na tragédia grega, Édipo mata seu pai (desconhecendo sua verdadeira identidade) e, mais tarde, casa-se com a mãe. Quando finalmente toma conhecimento de quem havia matado e com quem se casara, o próprio Édipo desfigura-se arrancando seus olhos. Freud acreditava que todo menino revive um drama interno similar. Ele deseja (simbolicamente) possuir sua mãe e matar seu pai para realizar esse destino. Ele também teme seu pai e receia ser castrado por ele, reduzindo-o a um ser sem sexo e, portanto, inofensivo. A ansiedade de castração, o temor e o amor pelo seu pai, e o amor e o desejo sexual por sua mãe não podem nunca ser completamente resolvidos. Na infância, todo o complexo é reprimido. Mantê-lo inconsciente, impedi-lo de aparecer, evitar até mesmo que se pense a respeito ou que se reflita sobre ele – essas são algumas das primeiras tarefas do Superego em desenvolvimento.

Na menina, a castração é justamente a comprovação que permite entrar no Complexo de Édipo. A partir da evidência da castração a menina volta-se para o pai como objeto de amor. A castração levará a uma ferida narcísica, que provocará na menina um sentimento de inferioridade no plano corporal e genital. Inicialmente a menina fantasiará que possuía um pênis e que alguém o tirou. O agente dessa perda imaginária (que curiosamente é duas vezes imaginária, pois imagina-se ter perdido um pênis que nunca teve) será a mãe. A menina responsabilizará sua mãe por tal fato e isso precipitará a vinculação com o pai. A menina, para entrar no Complexo de Édipo, deverá atacar e denegrir sua mãe, ou seja, vê-se obrigada a realizar uma mudança de objeto. Já ligada com seu objeto-pai, a menina substituirá o desejo de ter um pênis pelo desejo de ter um filho (KUSNETZOFF, 1994).

O que dá para depreender da questão edipiana é que o sujeito humano nunca resolverá completamente seu Complexo de Édipo, já que para a psicanálise o ser humano, após a passagem por esses três estágios de desenvolvimento, irá inconscientemente repeti-lo no decorrer de sua existência, mudando os cenários e personagens. O Complexo de Édipo é uma estrutura, uma organização central e alicerçadora da personalidade. Talvez a mulher, ao ter um filho ilusoriamente terá a sensação de resolução de seu Édipo.

Após a etapa fálica, edipiana, o desenvolvimento humano, por volta dos 6 ou 7 anos de idade, passará por uma fase de latência, onde tudo o que foi vivenciado anteriormente é recalcado; etapa que coincide com a escolarização, com a socialização extrafamiliar. A etapa final do desenvolvimento biológico e psicológico ocorre com o início da puberdade e o consequente retorno da energia libidinal aos órgãos sexuais. Na adolescência, meninos e meninas estão conscientes de sua identidade sexual e começam a buscar formas de satisfazer suas necessidades eróticas e interpessoais.

Inconsciente: Id, Ego, Superego

Um dos principais conceitos da psicanálise é o de Inconsciente. Este é o primeiro grande constructo freudiano na tentativa de explicar o funcionamento mental. Grosso modo, pode-se dizer que no Inconsciente estão elementos instintivos ou pulsionais que nunca foram conscientes e que não são acessíveis à consciência. Além disso, há material que foi excluído da consciência, censurado e reprimido. Esse material não é perdido, mas também não é lembrado com facilidade (só aparecerá nos sonhos, lapsos de linguagem, atos falhos, sintomas, esquecimentos).

Pode-se dizer que existem dois grandes momentos teóricos na psicanálise. No primeiro, de 1900, entram os conceitos de Consciente, Pré-consciente e Inconsciente. No segundo, de 1923, Freud amplia sua construção teórica para dar conta dos fenômenos que observava: Id (Isso), Ego (Eu) e Superego (Supereu).

São fundamentalmente três as instâncias psíquicas que compõem o aparelho psíquico: o Ego, o Superego e o Id. A rigor considera-se o Superego subdividido em duas instâncias: o Superego propriamente dito e o ideal do Ego. O Id será, para Freud, a instância psicobiológica por excelência, cuja origem encontra-se no corpo biológico e de onde nasce a energia dos instintos e das pulsões (KUSNETZOFF, 1994).

Do processo de humanização faz parte o mecanismo de identificação. Identificação: Idêntico, igual, semelhante. O sujeito humano só pode ser psicologicamente construído por outro humano, ou seja, por um idêntico, um igual, um semelhante. Quando o ser humano nasce, seu corpo contém os processos de transformações históricas de milhões de anos (filogeneticamente). Essa forma biológica herdada será condição necessária, mas não suficiente para o processo de aquisição do psiquismo, ou seja, de um aparelho capaz de produzir pensamentos e até pensar sobre eles. Todo esse processo se dá por identificação com outro igual (KUSNETZOFF, 1994).

As instâncias do Ego e Superego são basicamente constituídas por identificação que correspondem aos restos representacionais do que era anteriormente um relacionamento objetal externo. Existem, na Psicanálise, dois tipos de identificação: Identificação Primária e Identificação Secundária. Identificação Primária: É anterior a toda carga objetal, é o chamado estágio de indiferenciação entre o *Self* e o objeto, ou "estágio de identificação narcisista", ou "estágio de narcisismo primário" ou "estágio simbiótico". Todas essas expressões servem para designar que o ser humano nasce psicologicamente fundido, fusionado, amalgamado, confundido com outro ser humano, e a isso chamamos de Identificação Primária. Pode-se dizer que a Identificação Primária remete à dependência (como nos primeiros estágios orais), sendo que ambas são "lados da mesma moeda". O sujeito nasce passivo, sofrendo ações que os outros determinam; em outras palavras, ele é identificado (KUSNETZOFF, 1994).

Na Identificação Primária pode-se dizer que o sujeito vê a identificação que é parcial como se fosse total, constituindo-se através de um Outro especular, facilmente entendido como se o Outro não fosse uma pessoa diferenciada: o Outro é uma imagem, como num espelho, igual ao sujeito mesmo. O conceito de Identificação Primária predomina em etapas muito arcaicas do desenvolvimento onde reina o mais puro narcisismo. Não existe diferença entre o Ego e Objeto. O único diferencial é que o sujeito sente prazer ou desprazer e será através desse parâmetro prazer/desprazer que o Ego e os Objetos começarão a ser constituídos. Numa primeira etapa o Ego primitivo tenderá a ficar com aquilo que lhe dá prazer e a rejeitar como num ato reflexo o que lhe causa desprazer (KUSNETZOFF, 1994).

Já a Identificação Secundária ocorre depois que o cimento das identificações primárias formou solo ou base do aparelho psíquico. A Identificação Secundária é contemporânea do Complexo de Édipo. Designa o ponto-final da incorporação de ambos os pais. Após o narcisismo o sujeito se dirige ao mundo objetal, reconhecendo cada vez mais as amplitudes dos objetos. O que inicialmente era pulsional e fragmentário começa a ser cada vez mais diferenciado e totalizado (KUSNETZOFF, 1994).

Na fase fálica ocorre a proibição ou negação pelos pais dos desejos infantis, através da proibição do incesto. A Identificação Secundária se produz por uma perda. O modelo descrito por Freud em *Luto e melancolia* mostra que o sujeito reestrutura dentro de si o vínculo perdido com seus pais reais e concretos devido a esse "não" edípico fundamental ou estruturante. A Identificação Secundária constituíra, portanto, o Superego. E compreende-se melhor por que o Superego é sempre mais rígido, sádico ou tirânico do que a realidade exterior que lhe deu origem: é porque o Superego teve origem numa rejeição (de um desejo sexual-genital). Atrás desse "não" estruturante enfileiram-se outros "nãos" (rejeições, proibições, abandonos etc.) passados e futuros da vida do aparelho psíquico (KUSNETZOFF, 1994).

Identificar é ocupar um lugar, e esse lugar se refere à outra pessoa que cumpre uma função determinada para o sujeito identificado. As noções de identificação, papel e função são superpostas. O sujeito capta as funções da outra pessoa para si próprio (KUSNETZOFF, 1994).

Para Freud:

a) No início da vida psíquica, identificação e catexia coincidem (i. é, ocupam o mesmo lugar).

b) Num segundo momento, identificação e catexia se separam.

c) O destino da catexia é denominado escolha de objeto.

d) O Complexo de Édipo reconhece uma base nas identificações primárias.

e) O Complexo de Édipo é um complexo de identificações.

Mudando a linguagem, Freud reformula as proposições acima: "É fácil enunciar numa fórmula a distinção entre identificação com o pai e escolha deste como objeto. No primeiro caso o pai é o que gostaríamos de ser, no segundo o que gostaríamos de ter". Então: Onde havia uma catexia haverá uma identificação (KUSNETZOFF, 1994).

O ideal do Ego e o Superego

O ideal do Ego como herdeiro do narcisismo primitivo: O ideal do Ego leva o sujeito a se igualar, a se modelar como os pais: "Faça isso! Faça aquilo! Pense como seu pai! Seja como ele! etc." O Superego é o herdeiro do Complexo de Édipo. É uma instância tardia. É a representação da castração. É formado pelas identificações, após as figuras paternas serem introjetadas, transformando-se num monumento que "fecha" o complexo edípico: a Identificação – o Superego. A criança "perde" os pais. Essa perda é imaginária, não da realidade (KUSNETZOFF, 1994).

Para Cabas (1982) o Superego como instância e como identificação é uma cicatriz da ilusão quebrada. A ilusão perdida é a ilusão de fusão total com os pais. O Superego manifesta-se em forma de impedimentos, obstáculos, empecilhos, proibições: "Não faça isso, não faça aquilo, não seja como seu pai!"

Funções do Ego, do Superego e do ideal do Ego

As funções do Ego vinculam-se a duas frentes: a da realidade exterior, por um lado, e, por outro, a da realidade interior, com a complicada vinculação intrapsíquica entre o Superego e o Id. O Ego é um campo cênico entre as instâncias permissivas que requerem satisfação e as instâncias restritivas que a impedem. É uma instância mediadora entre as pulsões prementes do Id, que requerem sempre satisfação ilimitada e as condições da realidade externa, que impedem as exigências instintivas. Tal mediação requer do Ego uma atividade que consiste em permitir o que um quer dentro dos limites que o outro possibilita. É um órgão de síntese (KUSNETZOFF, 1994).

Suas principais funções são: síntese, consciência, memória, juízo de realidade, controle das pulsões, contém a lógica formal, orientação no tempo e no espaço, o sentimento de identidade, as defesas (QUILES, 1995).

As funções superegoicas estão alinhadas nas exigências de ordem moral. Exercem uma função crítica que produz um efeito de dominação sobre o Ego. Essa crítica é quase totalmente inconsciente, e forçando uma expressão de Freud: seria um "sentimento inconsciente de culpa". Na clínica esse sentimento inconsciente de culpa observa-se como uma necessidade de punição, de castigo (KUSNETZOFF, 1994).

O ideal do Ego seria uma tentativa de recaptura do narcisismo primitivo, sendo a instância que leva o sujeito a se conduzir segundo os padrões aprendidos na convivência primitiva com os pais. Daí ser um modelo ao qual o sujeito aspira imitar. A autoestima e a confiança do sujeito dependerão de um balanço entre o ideal do Ego e o Ego atual do indivíduo (KUSNETZOFF, 1994).

O Édipo e a cultura

A cultura nos pega já ao nascermos, pois em dois ou três anos o processo cultural inteiro nos é transmitido pela imersão e aprendizado que temos de uma língua dada no lugar ou país onde nascemos; sendo seus valores sociais ou culturais introjetados praticamente com o leite do seio ou da mamadeira. Já os liames sociais, que são essas vinculações afetivas com os lugares e pessoas-chave que nos relacionamos no início da vida, vão constituir o discurso do qual nos apoderamos para as nossas cadeias de significantes individuais, e vão fazer acontecer nossas estórias ou histórias individuais dentro de um relacionamento que na vida adulta costuma-se chamar de normalidade.

Tem-se um fantasma que acompanha todo sujeito humano durante sua vida e que o estrutura como sujeito, esse fantasma chama-se Édipo, não o do mito, mas o da estrutura. Todo ser humano tem que atravessá-lo de uma maneira ou de outra no decorrer de sua existência, pois, se tal não fizer, com certeza não será um Sujeito que enfrentou sua castração.

Bleichmar (1988) trabalha com a questão do papel que desempenham as relações intersubjetivas nos diferentes quadros psicopatológicos, dizendo que o Édipo da Estrutura é composto de um conjunto de elementos que se "constituem" na relação pai, mãe, criança, e que são, portanto, rigorosamente interdependentes, sendo que o mesmo necessita de uma aliança que implica uma herança, que é a herança do desejo dos pais, pois a partir desse desejo é que se vai gerar o desejo do filho na situação edipiana. Definição de estrutura colocada por Bleichmar de uma estrutura intersubjetiva: Uma estrutura como uma organização caracterizada por lugares vagos que podem ser ocupados por personagens. Embora seja corrente nos meios psicanalíticos que o termo estrutura está relacionado em geral a uma das três grandes estruturas onde o sujeito pode situar-se: psicose, perversão e neurose.

Bleichmar (1988) diz que Lacan amplia a questão do Édipo do mito, colocando-a na cultura, e quando se toma o Édipo da subjetividade individual ele é como que mutilado, pois a questão edipiana fica então circunscrita à díade mãe-filho e o pai como impositor de uma lei. A cultura entra na situação da subjetividade do indivíduo via linguagem, via mito do pai da horda primeva. Ao escrever-se sobre a linguagem, esta nos remete ao falo (falta) em Lacan. O significante inscreve então algo que é uma ausência, aparece em lugar do Inconsciente, em substituição a uma ausência, como, por exemplo, no registro civil de um menino, o mesmo não está ali, embora seja colocado como existente pelo simbólico do estar registrado.

Tem-se, no Édipo da estrutura, três tempos: No primeiro tempo a criança é o falo da mãe, é o falo, a mãe tem o falo. No segundo tempo o pai é o falo onipotente que pode privar o menino da presença da mãe (o que pode ser definido operacionalmente como a Lei), já num terceiro tempo ou momento o falo é reinstaurado na cultura (BLEICHMAR, 1988).

O papel do pai é de recusa e referência (já que é com ele que provavelmente o menino vai identificar-se), já a mãe oferece proteção, carinho, comida, isto é, a aglutinação possível. Ela só desempenha um papel estruturante se expressar, por seu discurso e seus atos, seu amor pelo pai e o reconhecimento da lei humana, isto é, fazer a castração.

Somente o outro pode aceitar seu desejo como tal e reconhecê-lo como portador desse desejo; então só o outro pode assegurá-lo de seu lugar na ordem simbólica social na medida em que se aceita tomá-lo, muito ou pouco, como modelo. Para Enriquez (1999), qualquer que seja o desejo, para seguir seu caminho, deve poder ser aceito pelo sujeito e ser identificado pelos outros, que podem identificar-se como sujeito desse desejo. A pulsão então deve sempre encontrar sua expressão num desejo específico. O pulsional é o que imprime um movimento ao organismo e, ao mesmo tempo, visa ao outro como aquele que pode reconhecer o desejo ou responder ao desejo de reconhecimento. O pulsional faz parte do fundamento de cada sujeito e do fundamento da vida social. Têm-se então duas ordens da realidade: a realidade psíquica e a realidade social.

Para Enriquez (1999), a psicanálise relaciona-se com o social da seguinte forma: as estruturas não existem em si, são sempre "habitadas", modeladas pelos homens que, na sua ação fazem-nas viver, as esculpem e lhe dão significado. Não existe líder sem homem sedutor e repressor, nem divisão do trabalho sem pessoas dominantes que têm o direito de pensar e exprimir sua palavra e sem pessoas submissas, mantidas à distância de seus desejos e suas palavras. Não existem capitalistas sem a construção de um imaginário social que autorize atos capitalistas. Toda tentativa – Freud, marxista ou psicanálise, materialismo dialético (Althusser e teóricos de sua escola) – resulta em criar teorias que pagam por sua ambição através de uma extrema fragilidade.

A psicanálise pode assumir o papel de correlacionar o social com o individual, diz Enriquez (1999), porque suas ambições são de considerar a divisão como um advento do sujeito em sua história pessoal e em sua história coletiva. Na realidade o discurso de cada sujeito constitui ou contém as construções fantasmáticas dos grupos sociais em que ela se insere, além de conter suas próprias lembranças, inibições e repetições. O discurso é então atravessado pelo imaginário social, pelo imaginário individual, pelo simbólico social (os grandes mitos, as grandes angústias) e pela tentativa simbólica individual. Ao trabalhar com o discurso dos "doentes", o analista lida não somente com a manifestação do sofrimento individual, mas, igualmente, com a expressão de um sofrimento social: os grandes medos coletivos, a angústia de castração e, vinculada à mesma, a de morte, que enraízam em todo o psiquismo os efeitos do recalcado e da repressão específica de uma dada sociedade. Todo sintoma é sempre a marca indelével do social como tal e da sociedade na qual ele se expressa.

O sujeito, na psicanálise, está sempre na relação do Édipo da estrutura, vinculado a uma mãe inicialmente, a um pai de intermediário e ao social definido como a cultura na qual o sujeito está imerso, a partir do Complexo de Édipo e que o supereu é o herdeiro do mesmo, o supereu herdando o Édipo que é introjetado (colocado dentro da subjetividade) na forma da lei, de todas as leis.

6
Jean Piaget: o desenvolvimento

Um dos mais conhecidos teóricos em desenvolvimento humano é Piaget. Sua leitura do desenvolvimento é diferente da leitura psicanalítica, embora ao lerem-se os textos de Piaget em muitos momentos passa a ideia de que Piaget fez uma leitura dos textos freudianos. Piaget segue uma dupla perspectiva: genética e estruturalista. Jean Piaget nasceu em Neuchâtel, Suíça, no ano de 1896, e faleceu em 1980. Era formado em Biologia e Filosofia e dedicou-se a investigar como acontece o conhecimento no decorrer do desenvolvimento humano. Da biologia retirou dois princípios básicos e universais – estrutura e adaptação, conforme será visto mais adiante. Trabalhou inicialmente com Binet e Simon que elaboraram o teste Binet-Simon utilizado para medir a inteligência das crianças francesas.

A partir da observação de seus filhos e de outras crianças, concluiu que em muitos aspectos as crianças pensam diferente do adulto.

Em toda sua obra, dizem Almeida e Falcão (2008), Jean Piaget sustenta a tese central de que existe uma correspondência de funções e isomorfismos parciais de estruturas entre a biologia evolutiva e o desenvolvimento das funções cognitivas do sujeito. As estruturas operatórias da inteligência "são sistemas de transformações que conservam uma totalidade invariante, como os próprios organismos vivos" (p. 531). Esta conservação do todo através das transformações sofridas supõe uma regulação, com reversibilidade de operações em forma de *feedbacks* ou alças que permitem remontar o curso de transformações.

Palangana (2001) diz que na função de aplicar o mesmo teste (Binet-Simon) a um grande número de crianças, Piaget descobriu que as respostas erradas eram, com frequência, mais interessantes que as corretas. Observou também que as crianças de idade semelhante cometiam os mesmos tipos de erros nas respostas; fato que o levou à conclusão de que para compreender o pensamento da criança era necessário que se desviasse a atenção da quantidade de respostas certas e se concentrasse na qualidade da solução por ela apresentada. Surgindo daí a ideia central de sua teoria: a lógica de funcionamento mental da criança é qualitativamente diferente da lógica adulta. Então era preciso investigar através de quais mecanismos ou processos ocorre essa transformação.

Montoya (2004) diz que no processo de desenvolvimento psicológico do conhecimento e afetividade existe uma dialética radical entre processos de continuidade e descontinuidade. A psicogênese piagetiana remete: (1) ao estudo das funções psicológicas como a memória, a atividade perceptiva, as representações imagéticas, as representações conceituais; (2) às estruturas afetivas, cognitivas e morais no plano sensório-motor e conceitual; (3) aos mecanismos psicológicos como abstração empírica e reflexionante; (4) à generalização construtiva, participante na constituição dos diferentes patamares do conhecimento, mostrando a fecundidade da pesquisa psicogenética na revelação de novos fatos e interpretação nova de problemas antigos.

Desenvolvimento para Piaget é a passagem de um estado de menor equilíbrio para um de maior equilíbrio; isto no campo da inteligência, da vida afetiva e também das relações sociais. Para Oliveira e Davis (1994), a noção de equilíbrio é o alicerce da teoria de Piaget. Todo organismo vivo desde a ameba até a criança procura manter um estado de equilíbrio ou de adaptação com seu meio, agindo de forma a superar perturbações na sua relação com o mesmo.

Piaget (2003) diz que a toda ação corresponde uma necessidade, toda necessidade é manifestação de desequilíbrio, sendo então necessário um reajustamento da conduta. Desequilíbrio = necessidade = equilibração (o desequilíbrio cria uma necessidade que depois de satisfeita leva de volta à equilibração). Ex.: Se uma pessoa tem fome ou sono, isso a levará à necessidade de dormir ou comer. Depois disso o organismo voltará a um estado de equilibração da necessidade. A cada instante nossa ação é desequilibrada pelas transformações que aparecem no mundo (exterior ou interior) e cada nova conduta vai funcionar não só para restabelecer o equilíbrio, como também para tender a um equilíbrio mais estável que o do estágio anterior a essa perturbação.

Piaget (2003) diz que a ação humana consiste nesse movimento contínuo e perpétuo de reajustamento ou equilibração. Toda necessidade tende primeiro a incorporar as coisas e pessoas à atividade própria do sujeito, isto é, "assimilar" o mundo externo às estruturas já existentes e segundo a reajustar estas últimas em função das transformações ocorridas, ou seja, "acomodá-las" aos objetos externos.

Esses dois mecanismos – assimilação e acomodação – são acionados para alcançar um novo estágio de equilíbrio. Segundo Oliveira e Davis (1994), através da acomodação o organismo, sem alterar suas estruturas, desenvolve ações destinadas a atribuir significações, a partir de sua experiência anterior, aos elementos do ambiente ao qual está reagindo. Já com a acomodação, outro mecanismo através do qual o organismo tenta restabelecer um equilíbrio superior com o meio ambiente, o organismo é impelido a se modificar para se ajustar às demandas que o ambiente propõe.

Embora a assimilação e a acomodação sejam processos distintos e opostos, dizem Oliveira e Davis (1994), numa realidade eles ocorrem ao mesmo tempo. Um exemplo: ao pegar uma bola, ocorre assimilação na medida em que a criança pequena faz uso do esquema de pegar (determinada postura de mãos e dedos), que já é de seu conhecimento, atribuindo à bola o significado "objeto que se pega". A acomodação também está presente, uma vez que o esquema de ação em questão precisa ser modificado para se ajustar às características do objeto. Dessa forma, a abertura dos dedos e a força empregada para retê-lo são diferentes quando se pega uma bola de gude ou uma bola de basquete.

Piaget distingue três tipos de assimilação, diz Fávero (2005): (1) a assimilação reprodutora, ou seja, a simples repetição de uma ação, que ao mesmo tempo assegura sua fixação; (2) a assimilação recognitiva, isto é, a discriminação dos objetos possíveis de serem assimilados a um esquema particular; e (3) a assimilação generalizadora, considerada a mais fecunda na medida em que conduz ao alargamento da classe de objetos a serem assimilados por ela.

Existem momentos em que um desses mecanismos tem preponderância sobre outro, dizem Oliveira e Davis (1994); há momentos em que a assimilação prevalece sobre a acomodação, como ocorre no jogo simbólico infantil, onde o mesmo esquema é aplicado a diferentes objetos modificando-lhes o significado. É possível, por exemplo, ver a criança pequena usar em suas brincadeiras uma folha de jornal de muitas maneiras: para cobrir uma boneca, para fazê-la voar como se fosse um avião, para servir como bola. Por outro lado, há momentos em que a acomodação é mais importante do que a assimilação, como acontece na imitação, onde a criança procura copiar as ações de um modelo, ajustando seus esquemas aos da pessoa imitada.

Resumindo: assimilamos o meio progressivamente, incorporando-o ao nosso pensar, que se torna cada vez mais amplo. Pode-se chamar de adaptação ao equilíbrio das assimilações e acomodações. É possível pensar esse processo como se fosse uma espiral, onde, quando se está em estado de desequilibração, assimila-se o que está desequilibrando, trabalha-se a informação e acomoda-se o aprendido no processo, após o que parte-se para novo processo de desequilibração (i. é, um novo passo na espiral, que implicará nova assimilação).

Piaget especifica quatro fatores como sendo responsáveis pela psicogênese do intelecto infantil, de acordo com Palangana (2001): 1) O fator biológico, principalmente o crescimento orgânico, e a maturação do sistema nervoso; 2) O exercício e a experiência física, adquirido na ação empreendida sobre os objetos; 3) As interações e transmissões sociais, que acontecem, basicamente, através da linguagem e da educação; 4) O fator de equilibração das ações.

Segundo Piaget (2003) as funções de inteligência e afetiva adquirem um estágio de equilíbrio móvel, isto é, quanto mais estáveis, maior mobilidade haverá (mais o pensar poderá ser utilizado). O desenvolvimento humano passa por um processo de equilibração progressiva, sendo a passagem de um estado de menor equilíbrio para um de maior equilíbrio, isto no campo da inteligência, da vida afetiva e também nas relações sociais. As funções ligadas à inteligência e vida afetiva adquirem um estágio de "equilíbrio móvel", isto é, quanto mais estáveis, maior mobilidade haverá. O desenvolvimento mental "é uma construção contínua, comparável à edificação de um grande prédio que, à medida que se acrescenta algo, ficará mais sólido" (p. 12).

Luque e Palácios (2004) dizem que a adaptação dos animais ao meio natural, frequentemente muito sofisticada, é originária de sua evolução biológica no transcorrer da filogênese; já a adaptação do ser humano a seu meio eminentemente social é um processo ativo do desenvolvimento ontogenético, baseado mais cultural do que biologicamente. Ao contrário dos animais, cujas condutas obedecem sempre a padrões instintivos de estrutura invariavelmente hereditárias e compartilhadas por todos os indivíduos da espécie; a conduta tipicamente humana se organiza, segundo Piaget, em esquemas de ação ou de representações adquiridos, elaborados pelo indivíduo a partir de sua experiência individual, que podem coordenar-se variavelmente em função de uma meta intencional e formar estruturas de conhecimento de diferentes níveis. A função que integra essas estruturas e sua mudança é a inteligência.

O equilíbrio de uma estrutura intelectual é alcançado, segundo Luque e Palácios (2004), quando as acomodações prévias permitem a assimilação correta da experiência, sem necessidade de modificar a estrutura em si. O equilíbrio é então transitório. O desenvolvimento intelectual requer o desequilíbrio das estruturas e sua modificação ou mudança no processo de equilibração. A equilibração leva de um estado de equilíbrio transitório a outro diferente, qualitativamente superior, passando por vários desequilíbrios e reequilibrações. Quando a experiência não é assimilável, acontece uma perda do equilíbrio e a ativação do processo de acomodação que tende à reestruturação; a nova estrutura representa um equilíbrio superior, se puder assimilar a experiência previamente conflitiva.

Apesar do caráter global do desenvolvimento psíquico, Piaget distinguiu nele aspectos ou funções diferenciadas, que de acordo com Goulart (2005) são: 1) Funções de conhecimento: responsáveis pelo conhecimento que se tem do mundo e que incluem o pensamento lógico – que evolui desde os reflexos iniciais, que são a mais primitiva ação do homem sobre o mundo, até o pensamento operatório do homem adulto; a organização da realidade – que evolui desde o estado de indiferenciação entre o eu e o mundo até as percepções complexas a respeito de si próprio e do mundo, bem como a construção de conceitos. 2) Funções de representação – incluem as funções graças às quais representamos um significado qualquer (acontecimento, objeto ou pessoa) usando um significante determinado (gesto, desenho, palavra). 3) Funções afetivas – que constituem para Piaget o motor do desenvolvimento.

Goulart (2005) diz que é sobre as funções de conhecimento (cognição) que Piaget realizou a maior parte de seus estudos, e as aplicações da teoria à educação têm origem principalmente nestes estudos. Já com relação às funções morais, Piaget as analisou do ponto de vista da relação com o outro, distinguindo etapas que vão desde a anomia (ausência de regras morais para limitar o que é permitido fazer), passam para a heteronomia (regras impostas pelo outro) e atingem a autonomia moral no adulto.

Para Piaget (2003), os estágios são estruturas variáveis da organização dos processos mentais, sendo que se enfatizam quatro estágios principais: (1) Estágio sensório-motor (do nascimento até aproximadamente 18 a 24 meses). (2) Estágio da Inteligência Intuitiva ou Pré-operacional (aproximadamente de 2 a 6 ou 7 anos). (3) Estágio das Operações Concretas ou Operacional Concreto (de aproximadamente 7 até aproximadamente 1 ou 12 anos). (4) Estágio das Operações Intelectuais Abstratas ou Lógico, também chamado de Estágio das Operações Formais (dos 12 anos em diante). Cada um desses períodos define um momento do desenvolvimento humano com um todo, ao longo do qual a criança vai construindo determinadas estruturas cognitivas.

Cada estágio se desenvolve, diz Palangana (2001), a partir do que foi construído nos estágios anteriores, sendo que a ordem ou sequência em que as crianças atravessam tais estágios é sempre a mesma, variando apenas o ritmo com que cada uma adquire novas habilidades.

Os estágios de desenvolvimento

1) Estágio da inteligência sensório-motora ou prática: uma característica básica é que este estágio é anterior à linguagem, isto é, para Piaget a inteligência prescinde das palavras, pelo menos em suas manifestações iniciais. É uma inteligência toda voltada para a prática, que se refere à manipulação de objetos, e que utiliza, em lugar das palavras e conceitos, percepções e movimentos organizados em esquemas de ação, por volta de 1,5 ano.

Para Palangana (2001), o primeiro estágio denomina-se sensório-motor, porque, à falta de função simbólica, o bebê não apresenta afetividade ligada a representações. No recém-nascido as atividades são reflexos básicos, e, na medida em que ocorre maturação do sistema nervoso e a interação criança-meio, esses comportamentos reflexológicos são gradativamente modificados, e, ao término do primeiro mês de vida da criança, esta já deverá abordar os objetos e pessoas a partir dos primeiros esquemas de ação construídos. Essas construções acontecem com base na coordenação sensório-motora das ações, sem que, para isso, intervenha a representação ou pensamento. A principal conquista desse período é o desenvolvimento da noção de permanência do objeto. Ainda que essa conduta inicial inteligente seja essencialmente prática, é ela que organiza e constrói as grandes categorias de ação que vão servir de base para todas as futuras construções cognitivas que a criança empreenderá.

As manifestações de inteligência são do tipo ensaio e erro, por exemplo: A criança atira objetos no chão para verificar sua trajetória. Por outro lado, os esquemas de ação construídos anteriormente e ampliados graças a essas novas condutas experimentais tornam-se suscetíveis a se coordenarem entre si, por assimilação, tal como farão mais tarde as noções ou conceitos do pensamento. A definição dos objetos como "é para" é notadamente sensório-motora. Ex.: uma mesa "é para" escrever em cima.

A finalidade do desenvolvimento intelectual, para Piaget (2003), é transformar a representação das coisas. No ponto de partida da evolução mental não existe, certamente, nenhuma diferenciação entre o eu e o mundo exterior. A consciência começa por um egocentrismo inconsciente e integral, até que os progressos da inteligência sensório-motora levem à construção de um universo objetivo, onde o próprio corpo aparece como elemento entre outros. Quatro processos fundamentais caracterizam esta revolução intelectual realizada durante os dois primeiros anos: As construções de categorias: 1) Do objeto; 2) Do espaço; 3) Da causalidade; 4) Do tempo. (Todos como prática de ação e não ainda como noção de pensamento.) Outra característica é a imitação da ação.

Goulart (2005) subdivide o estágio sensório-motor em 6 subestágios do ponto de vista do desenvolvimento do pensamento, sendo então:

1) Exercício reflexo: onde a atividade é puramente reflexa, como o sugar, e estende-se pelo primeiro mês de vida. Piaget (2003) dá como exemplo o sugar, onde um recém-nascido mama melhor depois de uma ou duas semanas do que logo ao nascer. O sugar o seio é generalizado pelo sugar o polegar por volta do segundo mês.

2) Reações circulares primárias – equivale à formação dos primeiros hábitos; a criança tende a repetir o comportamento que foi casualmente emitido, relativo ao próprio corpo. Esse subestádio vai até aproximadamente o quarto mês. Quando a criança faz um movimento, por exemplo, com as mãos, o repete seguidas vezes, como se não pudesse parar (GOULART, 2005). Para Piaget (2003) já ocorrem as primeiras percepções organizadas. Acontecem os primeiros esquemas de ação (a partir do arco reflexo). Ex.: sorriso, reconhecer pessoas.

3) Coordenação da visão e preensão e começo das reações circulares secundárias. Inicia-se a coordenação de espaços qualitativos até então heterogêneos. A criança já repete os comportamentos (reação circular) que produziram certo efeito e o faz intencionalmente. Há uma antecipação, embora limitada, do efeito de uma ação. Delineia-se a diferenciação entre fins e meios, embora sem fins preliminares quando da aquisição de uma conduta

nova. Este subestádio vai até aproximadamente 8 meses (GOULART, 2005).

Para Piaget (2003), por volta de 3 a 4 meses o lactente começa a pegar o que vê e esta capacidade de preensão, depois de manipulação, aumenta o seu poder de formar hábitos novos.

4) Coordenação dos esquemas secundários, com utilização, em alguns casos, de meios conhecidos com vista à obtenção de um novo objetivo. Por exemplo, a criança que conseguiu produzir um som ao balançar o chocalho, usa de esquema idêntico para tentar acender a luz. Esse subestádio vai até aproximadamente 11 meses. Quando se esconde um objeto com o qual a criança brincava, ela começa a procurá-lo, fato que evidencia que, diferente dos estádios anteriores, o objeto continua existindo, mesmo quando retirado do alcance de seus olhos. Existe então a permanência dos objetos, mesmo que ela não os veja. Porém se o objeto for escondido em sucessivos lugares, a criança não consegue acompanhar esses deslocamentos (GOULART, 2005).

5) Diferenciação dos esquemas de ação por reação circular terciária (variação das condições de exploração e tateamento dirigido) e descoberta de novos meios. Nesse subestádio a criança tenta outros meios para acender a luz, solicitar comida etc. Parece perceber que os esquemas do seu repertório são adequados para atingir todos os fins. Esse subestádio vai até aproximadamente 18 meses. Se um objeto for escondido sob um guardanapo, depois sob um lenço, a criança já é capaz de acompanhar os deslocamentos sucessivos, desde que eles sejam perceptíveis (GOULART, 2005).

6) Início da interiorização dos esquemas e solução de alguns problemas após interrupção da ação e ocorrência de compreensão súbita. Ao defrontar-se com uma situação problemática, a criança, numa conduta que já anuncia a representação, para, observa detidamente a situação e em seguida apresenta uma resposta. Esse subestádio vai até mais ou menos 2 anos. A criança já é capaz de encontrar o objeto escondido, mesmo quando há complexas combinações de esconderijos, incluindo até deslocamentos não perceptíveis. Diz-se que ela domina o objeto permanente (GOULART, 2005).

2) Estágio da inteligência intuitiva ou pré-operacional (2-7 anos): a criança pré-operacional, diz Rappaport (1981), adapta-se às exigências concretas da vida utilizando-se de recursos adquiridos na fase anterior. Ela ainda não trabalha realmente com as coisas e as ideias, mas brinca com elas (mágica, imaginação, fantasia) e nela acredita sem tentar saber se é verdade. Pode-se dizer que há um egocentrismo que se caracteriza por certo tipo de isolamento.

O acesso à função simbólica, diz Luque e Palácios (2004), culmina e resume a evolução da inteligência sensório-motora. Os símbolos originam-se na ação, tanto como significantes quanto como significados. Os significantes procedem principalmente da imitação e são dados por práticas sociais, das quais o indivíduo se apropria através da imitação diferida ou imitação internalizada (manejo de imagens mentais). Os significados têm seu valor como elementos de assimilação; dar significado ou compreender um objeto é assimilá-lo aos esquemas já disponíveis.

O principal progresso desse período em relação ao seu antecedente, diz Palangana (2001), é o desenvolvimento da capacidade simbólica instalada em suas diferentes formas: a linguagem, o jogo simbólico, a imitação postergada etc. A criança não depende mais das suas sensações e movimentos. Ela dispõe de esquemas representativos, podendo então distinguir um significante (imagem, palavra ou símbolo) daquilo que ele significa (o objeto ausente), o significado. Outro aspecto que pode ser destacado no período pré-operacional é a conduta egocêntrica ou autocentrada. A criança vê o mundo a partir da própria perspectiva e não imagina que haja outros pontos de vista possíveis. Desconhecendo a orientação dos demais, ela não sente necessidade de justificar seu raciocínio.

Com o aparecimento da linguagem, diz Piaget (2003), as condutas são profundamente modificadas no aspecto afetivo e intelectual. Além de todas as ações reais ou materiais do período precedente, a criança torna-se, graças à linguagem, capaz de reconstruir suas ações passadas sob forma de narrativas, e também já antecipa suas ações futuras, disso resultando consequências: uma possível troca entre os indivíduos, ou seja, o início da socialização da ação, uma interiorização da palavra, isto é, o aparecimento do pensamento propriamente dito, que tem como base a linguagem interior, e o sistema de signos e uma interiorização da ação como tal, que pode daí em diante se reconstruir no plano intuitivo das imagens e das "experiências mentais". Ao mesmo tempo a criança reagirá primeiramente às relações sociais e ao pensamento em formação com um egoísmo inconsciente que prolonga o do bebê.

Inicialmente a criança, diz Piaget (2003), não fala somente às outras pessoas e crianças, mas fala-se a si própria, sem cessar, em monólogos variados que acompanham seus jogos e sua atividade. Comparados ao que será mais tarde, a linguagem interior contínua do adulto ou adolescente, estes solilóquios são diferentes pelo fato de que são pronunciados em voz alta e pela característica de auxiliarem a ação imediata. Estes verdadeiros monólogos, como os coletivos (quando mais de uma criança se encontra no mesmo local), constituem mais de um terço da linguagem espontânea entre crianças de 3 e 4 anos, diminuindo por volta dos 7 anos.

De 2 a 4 anos instala-se a função simbólica e tem início a interiorização dos esquemas de ação; a linguagem, o jogo simbólico, a imitação e provavelmente os primórdios da imagem mental, permitindo caracterizar-se este estágio pelo surgimento da representação. Predomina nessa fase a "transdução", modelo de raciocínio primitivo, baseado em relações de analogia, que se orienta do particular para o particular. Relacionados a ela, coexistem os pré-conceitos e as pré-relações, que permanecem a meio caminho do esquema de ação e conceito. O raciocínio transdutivo tende a justapor os elementos sem vinculá-los (GOULART, 2005).

De 4 a 5 anos e meio, as organizações representativas aparecem fundadas sobre configurações estáticas ou sobre a assimilação da própria ação. Este período coincide com a fase dos porquês, e as primeiras estruturas representativas têm um caráter de dualidade dos estados de transformação. Dos 5,5 anos a aproximadamente 7 anos aparecem as regulações representativas articuladas, a fase é intermediária entre a não conservação e a conservação, e marca o início das ligações entre estado e transformações, tornando-se possível pensá-las sob forma semirreversível. Neste momento a criança já é capaz de acompanhar o movimento de se transformar uma bola de massa em salsicha e admitir que é possível transformá-la na bola anterior (GOULART, 2005).

Este é o estágio da formação dos primeiros valores morais em função das relações afetivas unilaterais (com os pais ou adultos significativos); das relações sociais e submissão a um adulto, onde, no seu início, o pensamento é intuitivo, isto é, afirma o tempo todo, sem demonstrar: jogos simbólicos e animismo infantil (onde as coisas vivas são dotadas de intenção). A passagem da intuição à lógica ou operações matemáticas se efetua pela construção de agrupamento. Há um início de grupo afetivo onde, ao final do estágio, começa a aparecer o respeito mútuo criança a criança.

3) Estágio das operações intelectuais concretas (7 a 11/12 anos): Marti (2004) diz que essa idade parece mágica: sempre foi considerada como o início de uma fase intelectualmente nova, fase que até o início da adolescência parece constituir um período de relativa tranquilidade afetiva. A passagem do pensamento intuitivo para o operatório pressupõe outra passagem fundamental, pois supera o caráter mutante, instável e subjetivo do pensamento pré-operatório no sentido de uma maior estabilidade, coerência, e, embora pareça contraditório, de uma maior mobilidade. Essa mudança pressupõe uma diferença qualitativa – a inteligência continua sendo uma marcha progressiva em direção a uma maior adaptação, na qual a assimilação e a acomodação cumprem um papel primordial entre o indivíduo e o meio. A criança continua operando sobre a realidade (transforma-a, modifica-a), mas o que é próprio da operação (ao contrário da intuição) é que se trata de uma ação interiorizada integrada em um sistema.

Este estágio é assim denominado porque a criança ainda não consegue trabalhar com proposições, ou seja, em enunciados verbais. Dessa forma, os procedimentos cognitivos não envolvem a possibilidade de lógica independente da ação. As ações empreendidas pela criança se dão no sentido de organizar o que está imediatamente presente, encontrando-se, pois, presa à realidade concreta. Nesta fase, o sistema de regulação, até então instável, recupera o equilíbrio entre os mecanismos de assimilação e acomodação, quando o pensamento alcança o nível da reversibilidade (PALANGANA, 2001).

Se qualquer ação integrada em um sistema de relações é uma operação, diz Marti, psicologicamente existirá uma grande variedade de operações segundo o âmbito de aplicação. Por exemplo, a operação de reunião pode ser aplicada a classes (reunir a classe das rosas e das margaridas para constituir uma classe de ordem superior, a das flores), ou a relações (reunir relações assimétricas para constituir uma série completa), ou a números (somá-los, e o mesmo ocorre com a subtração, a multiplicação ou o estabelecimento de uma correspondência entre os elementos de dois conjuntos. Além do mais, estas operações podem ser aplicadas no âmbito lógico-matemático (quando se considera a diversidade de objetos) ou infralógico – espaçotemporal – (quando se considera a própria constituição do objeto).

Piaget (2003) diz que uma conclusão geral se impõe sobre o período das operações concretas: o pensamento infantil só se torna lógico por meio da organização de sistemas operacionais, que obedecem às leis dos conjuntos comuns. 1) Composição: duas operações de um conjunto podem se compor entre si e dar ainda uma operação do conjunto (Ex.: 1 + 1 = 2). 2) Reversibilidade: toda operação pode ser invertida (Ex.: + 1 inverte-se em -1). 3) A operação direta e seu inverso dão uma operação nula ou idêntica (Ex.: + 1 - 1 = 0). 4) As operações podem se associar entre si de todas as maneiras.

Esta etapa coincide com o início da escolarização (isso exige concentração individual, colaboração efetiva entre os colegas quando há vida comum). Há o início da reflexão, libertação do egocentrismo intelectual e social, a busca de explicações causal e não mais animistas como na etapa anterior, o desenvolvimento do senso de justiça. A concentração individual e colaboração efetiva, quando em grupo, leva então um progresso na socialização. A criança não confunde mais seu ponto de vista com o dos outros. Os jogos passam a ser com regras (bola de gude, p. ex.), onde ganhar é ser bem-sucedido num jogo com regras, na etapa anterior tinha-se uma visão semelhante ao "Dodô-bird" de *Alice no país das maravilhas*, onde o pássaro Dodô diz: todo mundo ganhou; o prazer estava no jogo e não no ganhar. A moral é de cooperação e busca de autonomia pessoal. A explicação dos fenômenos ocorre por identificação e não mais animista. Estabelece-se o princípio de conservação (um cubo de açúcar na água – a criança já responde que o açúcar permanece de forma bem pequena na água), da substância, de peso. Desenvolve-se a percepção do tempo cronológico.

4) Estágio operatório-formal (adolescência): o que surpreende no adolescente é o seu interesse por problemas inatuais, diz Piaget (2003), sem relação com realidades vividas no dia a dia, ou por aqueles que antecipam com uma ingenuidade desconcertante as situações futuras do mundo, muitas vezes quiméricas. O que mais espanta, sobretudo, é sua facilidade de elaborar teorias abstratas. Existem alguns que escrevem, criam filosofias política e estética ou outra coisa. Outros não escrevem, mas falam. A maioria, porém, fala pouco de suas produções pessoais, limitando-se a ruminá-las de maneira secreta e íntima. Mas todos têm teorias e sistemas que transformam o mundo em um ou outro ponto.

Após os 11 ou 12 anos, diz Piaget (2003), o pensamento formal torna-se possível, onde as operações lógicas começam a ser transpostas do plano da manipulação concreta para o das ideias; expressas em linguagem qualquer (a linguagem dos símbolos matemáticos, das palavras etc.), mas sem apoio da percepção, da experiência e nem mesmo da crença. O pensamento é abstrato. O pensamento formal é "hipotético-dedutivo", isto é, capaz de deduzir conclusões de puras hipóteses e não somente através de uma observação real.

Neste período tem-se que o mundo deve submeter-se aos sistemas pensados e não estes à realidade. Acontece a inserção na sociedade adulta e conquista da própria personalidade. Existe a maturação do instinto sexual, sendo o colorido afetivo muito característico. Constrói-se sistemas e teorias. Centra-se em problemas não atuais. Formulação de teorias abstratas que transformam o mundo (criam filosofia, política e estética). A reflexão é livre e destacada do real. Passagem para o pensamento hipotético-dedutivo (trabalho com hipóteses em si; i. é, afirma sem necessidade de demonstração). O adolescente, quando confrontado com um problema, consegue levantar todas as ações possíveis. O pensamento hipotético-dedutivo é um pensamento do tipo combinatório. Para Piaget (2003): O pensamento concreto é a representação de uma ação possível e o formal é a representação de uma representação de ações possíveis. Convém lembrar aqui que, ao trabalhar com hipóteses, os adolescentes não precisam se preocupar se elas são falsas ou verdadeiras. Uma hipótese não é *a priori* nem falsa nem verdadeira.

Para Moreira (2006), o adolescente, ao pensar formalmente, isto é, raciocinar sobre hipóteses, a realidade torna-se secundária em relação à possibilidade, o real é subordinado ao possível. Ao usar o pensamento hipotético-dedutivo, o adolescente fará uso da dedução lógica onde passa a buscar hipóteses gerais que possam explicar fatos observáveis que tenham ocorrido. Portanto, a característica básica desse período é a capacidade de manipular construtos mentais e reconhecer relações entre esses construtos.

Para Palangana (2001) o estágio operatório formal identifica-se pelo desenvolvimento da linguagem enquanto instrumento a serviço da elaboração e hipóteses e a formação do espírito experimental. Com o desenvolvimento dos esquemas de pensamento lógico-formal, o adolescente terá completado a construção dos mecanismos cognitivos. Isso não significa que, a partir daí, não haverá novas aquisições de conhecimento. Ao longo das descrições feitas por Piaget sobre a gênese do conhecimento fica claro que, para ele, o sujeito tende à descentração maior, ou seja, à cooperação na conduta e lógica na inteligência, e avança tanto quanto o meio em que esteja inserido o permite.

Implicações do pensamento piagetiano para a aprendizagem

Ao defender uma educação voltada para autonomia, Goulart (2005) diz que se voltou a falar, nos últimos tempos, em desenvolver a autonomia nas pessoas que se educa, em respeitar a liberdade do outro e dar-lhe a chance de escolher. No plano intelectual é fácil justificar a opção por Piaget, onde se acredita na construção, pelo sujeito, de sua própria aprendizagem. Dando ênfase à resposta dada pelo aluno (se possível, uma resposta criativa) tenta-se abandonar os modelos preestabelecidos de respostas definidas na formulação operacional de objetivos.

Moretto (2003) diz que cabe ao professor conhecer com boa profundidade os conteúdos de sua disciplina ou área de saber. Deve também conhecer as características psicológicas do desenvolvimento de seus alunos para entender as concepções prévias já construídas e as estruturas já estabelecidas capazes de constituir-se em âncoras para novas aprendizagens.

Seber (1997) diz que no contexto de sala de aula, com crianças, o que é proposto deve estar num nível um pouco superior àquele em que as crianças se encontram, para acontecer assim a motivação. Tem-se que observar que o julgamento fácil ou difícil não pode ser do professor, mas das crianças. O que pertence ao professor é o conhecimento de como as crianças aprendem. A partir desse conhecimento o professor terá condições de colocar questões que provoquem nas crianças reestruturações de conhecimentos prévios. Estas reestruturações são acompanhadas de interesse e motivação pelas atividades sugeridas.

A vivência de interesse e motivação diante das atividades propostas contribui de muitas maneiras: estimula o gosto pelos estudos, gera o sentimento de autonomia intelectual, sendo que a criança aprende a buscar recursos próprios para refletir sobre os problemas enfrentados no dia a dia; ao invés de se tornar dependente de alguém disposto a dizer o que deve ou não ser feito, desperta uma autoimagem positiva, pois a criança se sente capaz de superar desafios, transformando-os em novas conquistas (SEBER, 1997).

Os objetivos pedagógicos necessitam estar centrados no aluno, partir das atividades do aluno. Os conteúdos não são concebidos como fins em si mesmos, mas como instrumentos que servem ao desenvolvimento evolutivo natural, primazia de um método que leve ao descobrimento por parte do aluno ao invés de receber passivamente através do professor. A aprendizagem é um processo construído internamente.

A aprendizagem depende do nível de desenvolvimento do sujeito, e é um processo de reorganização cognitiva. Os conflitos cognitivos são importantes para o desenvolvimento da aprendizagem. A interação social favorece a aprendizagem. As experiências de aprendizagem necessitam estruturar-se de modo a privilegiarem a colaboração, a cooperação e intercâmbio de pontos de vista na busca conjunta do conhecimento.

7
Vygotsky e o desenvolvimento na perspectiva histórico-cultural

As obras de Vygotsky vêm sendo estudadas no Brasil desde os anos de 1980, sendo que nos anos de 1990 e início do século XXI houve um grande incremento de estudos, livros e artigos a respeito do criador da abordagem histórico-cultural. Duas coisas podem já ser pensadas aqui: a grafia do nome de Vygotsky, que aparece como Vygotsky na tradução americana inicial de suas obras e talvez no Brasil seja mais conhecida; e a outra o nome da abordagem (já que o nome é o que diferencia e define a abordagem frente a outras correntes ou escolas de pensamento) que aparece como interacionista, sociointeracionista, construtivista ou socioconstrutivismo. Silva e Davis (2004) distinguem dos termos apontados acima, e que remetem a uma busca de unificação entre Vygotsky e Piaget, os termos histórico-cultural e sócio-histórico, sendo que na obra *A formação social da mente*, no posfácio, um dos subtítulos é abordagem histórico-cultural.

Vygotsky, junto com Luria e Leontiev, começam então a corrente histórico-cultural a partir de 1924. Lev Semyonovich Vygotsky nasce em Orsha – nordeste de Minski, na Bielorrússia no dia 05/11/1896 e morre de tuberculose em 11/06/1934. Em 1917 gradua-se em Direto na Universidade de Moscou, com especialização em Literatura. De 1917 a 1923, leciona Literatura e Psicologia, além de dirigir a seção de teatro do Centro de Educação de Adultos. Funda a revista *Verask* – publica sua primeira pesquisa em literatura com o título *A psicologia da arte*. Cria o laboratório de Psicologia do Instituto de Treinamento para Professores. Em 1924 muda-se para Moscou, onde trabalha no Instituto das Deficiências. Entre 1925 e 1934, Vygotsky reúne em torno de si um grande número de jovens cientistas que trabalhavam na área da psicologia, criando o Curso de Medicina. Um pouco antes de sua morte é convidado para dirigir o Departamento de Psicologia do Instituto Soviético de Medicina Experimental.

De 1924 até o ano de sua morte, diz Rego (2008), apesar de já doente e das frequentes hospitalizações, Vygotsky demonstrou um ritmo de produção intelectual muito grande. No decorrer desses anos, além de amadurecer seu programa de pesquisa, continuou lecionando, lendo, escrevendo e desenvolvendo investigações importantes. Liderou também um grupo de jovens cientistas, pesquisadores de psicologia e das anormalidades físicas e mentais.

De acordo com Teixeira (2004), através de um decreto do Comitê Central do Partido Comunista da União Soviética (PCUS), Vygotsky teve, juntamente com seus colegas, embora indiretamente sua obra censurada na União Soviética entre 1926 e 1956. No entanto, durante 20 anos seus textos foram guardados pelos seus discípulos que os faziam circular clandestinamente. Apenas em 1956 esses materiais se tornaram públicos com a reedição, em russo, do livro *Pensamento e discurso* (linguagem).

A concepção teórica de homem e de mundo em Vygotsky, para Silva e Davis (2004): O homem é um ser social, pois se constitui nas e pelas relações sociais que estabelece com a natureza e com outros homens, sendo então produto e produtor destas relações num processo histórico. Para atingir o estágio de humanização em que hoje se encontra, foi necessário que o homem dominasse a natureza para a produção de bens voltados para o próprio sustento. Domínio esse que só foi possível quando passou a conhecer as leis fundamentais que regiam a natureza. Tem-se então que o conhecimento é construído a partir das necessidades de um dado momento histórico, "no qual o homem passa a produzir seus modos de sobrevivência por meio do trabalho e do uso de instrumentos, desenvolvendo ainda a comunicação (linguagem)" (p. 641). Constrói, portanto, uma nova realidade, agora sócio-histórica, permeada pela cultura e pelo conhecimento.

O desenvolvimento

A noção de desenvolvimento está ligada a um contínuo de evolução, em que o ser humano caminha ao longo de todo ciclo vital; essa evolução, nem sempre linear, se dá em todos os campos da existência, tais como o afetivo, cognitivo, social e motor. Esse caminhar contínuo não é determinado apenas por processos de maturação biológicos ou genéticos. O meio, e meio aqui deve ser entendido como algo muito amplo, que envolve cultura, sociedade, prática, interações é fator de máxima importância no desenvolvimento humano. Os seres humanos nascem "mergulhados na cultura", e com certeza essa será uma das principais influências no desenvolvimento (RABELLO & PASSOS, 2009). O comportamento humano caracteriza-se pelas transformações de um comportamento em outro (transformação de quantidade em qualidade: Hegel).

Teixeira (2003) diz que o desenvolvimento é um processo que pode ser distinguido pela unidade do material e psicológico, do social e do pessoal, à medida que a criança se desenvolve. Uma investigação criteriosa deveria centrar-se nas formações novas, graças às quais se pode determinar o essencial em cada idade. Uma formação nova de acordo com Vygotsky (apud TEIXEIRA, 2003) são as transformações psíquicas e sociais que se produzem pela primeira vez em cada idade e determinam a consciência da criança, sua relação com o meio, sua vida interna e externa, enfim todo o curso de seu desenvolvimento no período dado. Em Vygotsky o desenvolvimento é um processo autocondicionado e contínuo e não um processo marcado pelo dualismo entre o hereditário e o ambiental.

Richit (2004) diz que o desenvolvimento é um conceito extremamente importante e está diretamente relacionado ao aprendizado do indivíduo e representa a evolução das funções mentais superiores, que são o pensamento e as estruturas cognitivas e o intelecto. Assim pode-se perceber que existe uma estreita relação entre o aprendizado e o desenvolvimento, pois o aprendizado permite ao indivíduo a maturação das suas funções psicológicas propiciando seu desenvolvimento. A aprendizagem ou aprendizado é o processo pelo qual o indivíduo se apropria de informações e conhecimento que são apresentados à criança por meio de sua interação com o meio. "Ela se dá a partir do momento que signos e sistemas simbólicos são internalizados pelo sujeito, contribuindo para o desenvolvimento das funções mentais superiores do mesmo" (p. 6). Para Vygotsky a organização adequada do aprendizado resulta em desenvolvimento mental e põe em movimento vários processos de desenvolvimento que de outra forma não aconteceriam ou seriam impossíveis de acontecer.

As ideias principais de Vygotsky

As ideias principais de Vygotsky estão relacionadas a cinco teses básicas: 1) A relação indivíduo-sociedade; 2) A origem cultural das funções psíquicas; 3) A base biológica do funcionamento psicológico; 4) A mediação presente em toda atividade humana; 5) A análise psicológica deve conservar as características básicas dos processos psicológicos.

Com respeito à relação indivíduo/sociedade, Vygotsky diz que as características tipicamente humanas não estão presentes desde o nascimento do indivíduo, nem são mero resultado das pressões do meio externo. Elas são o resultado da interação dialética do homem e seu meio sociocultural. Ao mesmo tempo em que o ser humano transforma o meio para satisfazer suas necessidades básicas, transforma-se a si próprio; dito de outra forma, quando o homem modifica o ambiente através de seu próprio comportamento, essa modificação vai influenciar seu comportamento futuro (REGO, 2008).

Já com relação à origem cultural das funções psíquicas, tem-se que as funções psicológicas especificamente humanas se originam nas relações do indivíduo e seu contexto social e cultural. O desenvolvimento mental humano não é dado *a priori*, não é universal e imutável, não é passivo, muito menos independente do desenvolvimento histórico e das formas sociais da vida humana. A cultura torna-se parte da natureza de cada pessoa, já que sua característica psicológica se dá "através da internalização dos modos historicamente determinados e culturalmente organizados de operar informações" (REGO, 2008, p. 42).

Outra ideia em Vygotsky se refere à base biológica do funcionamento psicológico: o cérebro é visto como o principal órgão da atividade mental. O cérebro é o substrato material da atividade psíquica que cada membro da espécie traz consigo ao nascer. Sendo que essa base material não significa um sistema imutável e fixo. O cérebro é visto como um sistema aberto e de grande plasticidade, podendo servir a novas funções criadas na história do homem, sem que necessariamente o órgão físico se transforme (REGO, 2008).

Um outro postulado diz respeito à característica mediação presente em toda atividade desenvolvida pelo ser humano. São os instrumentos técnicos e os sistemas de signos, construídos historicamente, que fazem a mediação dos seres humanos entre si e com o mundo. A linguagem é um signo mediador por excelência, pois traz consigo os conceitos generalizados e elaborados pela cultura humana. "Entende-se assim que a relação do homem com o mundo não é uma relação direta, pois é mediada por meios, que se constituem nas 'ferramentas auxiliares' da atividade humana" (p. 42). A capacidade de criar essas ferramentas é exclusiva do ser humano. A mediação é fundamental na perspectiva histórico-cultural justamente porque é através de signos e instrumentos que os processos de funcionamento psicológico são fornecidos pela cultura, sendo por esse motivo que Vygotsky confere à linguagem um papel de destaque no processo de pensamento (REGO, 2008).

Tem-se então que o uso dos signos (a linguagem, a escrita, os sistemas de números) é criado pela sociedade ao longo da história e mudam a forma social e o nível de seu desenvolvimento cultural. O mecanismo de mudança individual ao longo do desenvolvimento tem sua raiz na sociedade e na cultura. Pode-se pensar a linguagem como o grande mergulho que o sujeito humano dá em direção à sua humanidade, pois, ao comunicar-se utilizando da linguagem no início da vida, o ser humano como que herda toda a história passada e os valores culturais da cultura em que está inserido.

Outra tese em Vygotsky postula que a análise psicológica deve ser capaz de conservar características básicas dos processos psicológicos, exclusivamente humanos. Princípio este baseado na ideia de que os processos psicológicos complexos se diferenciam dos mecanismos mais elementares e não podem ser reduzidos à cadeia de reflexos. Essa maneira de funcionar do ser humano, sua psicologia mais sofisticada, se desenvolve num processo histórico. Então, ao abordar a consciência humana como produto da história social, aponta na direção da necessidade do estudo das mudanças que ocorrem no desenvolvimento mental a partir do contexto social (REGO, 2008).

Instrumentos e linguagem

Ao analisar o pensamento de Bronckart sobre Vygotsky, Fávero (2005) diz que de suas teses tira-se uma implicação inicial: os instrumentos são os meios do homem para o contato com o mundo, assim como consigo mesmo (com sua própria consciência), sendo portanto pelo estudo da consciência que se realizará, segundo Vygotsky, a unificação da psicologia. Por isso que o método preconizado por ele é qualificado de método instrumental, onde a análise dos signos se constitui no único método adequado para estudar a consciência humana. "Ele aborda a pedagogia porque é na instituição escolar que se fabricam a maior parte dos instrumentos e a maioria parte das significações sociais" (p. 188). Vygotsky compara o desenvolvimento das funções psíquicas superiores em grupos culturais diversos, porque as significações e outros instrumentos dependem da história de cada grupo: não existe um "sujeito universal", independente do grupo.

Ao formular sua teoria, Vygotsky, diz Richit (2004), abordou conceitos que são essenciais em seu trabalho por serem necessários à compreensão do processo de desenvolvimento. Os conceitos abordados por ele são: mediação simbólica, signos, sistemas de símbolos, zona de desenvolvimento proximal, desenvolvimento e aprendizado. "A questão da mediação nos remete, forçosamente, a explicitar aspectos inerentes ao elemento mediador que o classificam em três categorias: instrumento, signos e sistemas simbólicos" (p. 4). O instrumento é o elemento mediador que age entre o sujeito e o objeto do seu trabalho, com a função de ampliar as possibilidades de transformação da natureza. Ele é criado ou usado para alcançar um determinado objetivo, sendo então um objeto social e mediador da relação do indivíduo com o mundo. O instrumento carrega consigo, além da função para a qual foi criado, também sua forma de uso que foi configurado no decorrer da história do grupo que o utilizava.

Richit (2004) diz que os signos também são mediadores, e como sua função se faz presente na atividade psicológica, Vygotsky os denomina instrumentos psicológicos. O signo é intrínseco ao indivíduo e tem por função regular e controlar as ações psicológicas do mesmo. Eles agem no sentido de ativar uma outra atividade psicológica como a memória, por exemplo, pois representam ou expressam fatos e objetos. Já o símbolo é um recurso utilizado pelo indivíduo para controlar ou orientar a sua conduta; dessa maneira, o indivíduo se utiliza desses recursos para a sua interação com o mundo. "À medida que o indivíduo internaliza os signos que controlam as atividades psicológicas, ele cria sistemas simbólicos, que são estruturas de signos articuladas entre si" (p. 5). O uso de sistemas simbólicos, como a linguagem, favoreceu o desenvolvimento cultural, social e intelectual dos grupos sociais e culturais ao longo da história.

Vygotsky (1989) diz que a criança, no primeiro ano de vida, além da utilização dos instrumentos, se desenvolve através dos movimentos sistemáticos, da percepção, o cérebro e as mãos – na realidade seu organismo inteiro. Em consequência, o sistema de atividade da criança é determinado em cada estágio específico, "tanto pelo grau de desenvolvimento orgânico quanto pelo grau de domínio no uso de instrumentos" (p. 23). Os primeiros esboços de fala inteligente são precedidos pelo raciocínio técnico e este se constitui a fase inicial do desenvolvimento cognitivo. A maturação "per se" é um fator secundário do desenvolvimento das formas mais complexas (do pensamento) do comportamento humano.

Para Bhuler (apud VYGOTSKY, 1989) o sistema de atividade da criança é determinado em cada estágio específico tanto pelo seu grau de desenvolvimento orgânico quanto pelo grau de domínio no uso de instrumentos; já para Vygotsky há uma integração entre fala e raciocínio prático ao longo do desenvolvimento. Vygotsky diz que embora o uso de instrumentos pela criança durante o período pré-verbal seja comparável "àquele dos macacos antropoides, assim que a fala e o uso dos signos são incorporados a qualquer ação, esta se transforma e se organiza ao longo de linhas inteiramente novas" (p. 27). Sendo que o momento de maior significado no curso do desenvolvimento das funções intelectuais, "que dá origem às formas puramente humanas de inteligência prática e abstrata, acontece quando a fala e a atividade prática, então duas linhas completamente independentes de desenvolvimento convergem" (p. 27).

Vygotsky enfatiza as origens sociais da linguagem e do pensamento: As funções psicológicas são produto da atividade cerebral (associação psiconeurologia e fisiologia), sendo que tudo isso deveria ser entendido à luz da teoria marxista da sociedade humana. Uma aplicação do materialismo histórico dialético relevante para a psicologia: todos os fenômenos devem ser estudados como processos em movimento e em mudança.

Para Blonsky (apud VYGOTSKY, 1989) o comportamento só pode ser entendido como história do comportamento. As atividades tecnológicas de uma população são a chave da compreensão de seu lado psicológico. Com relação ao clássico S-R (estímulo-resposta) do behaviorismo, Vygotsky propõe: S X R – Estímulo – Mediação – Resposta (principalmente a linguagem) onde para Vygotsky o indivíduo humano modifica ativamente a situação estimuladora como parte da resposta a ela. Vygotsky propõe também que a situação experimental pode ser executada numa situação de brinquedo, escola ou ambiente clínico.

Para Vygotsky (1989) a atividade simbólica (fala) tem uma função organizadora específica que invade o processo do uso de instrumentos e produz formas fundamentalmente novas de comportamento. Antes de controlar o próprio comportamento, a criança começa a controlar o ambiente com a ajuda da fala. Isso produz novas relações com o ambiente, além de uma nova organização do próprio comportamento – o que vai formar a base do intelecto do trabalho produtivo: a forma especificamente humana do uso de instrumentos.

Palangana (2001) diz que na perspectiva vygotskyana, a constituição das funções complexas do pensamento "é veiculada principalmente pelas trocas sociais e, nessa interação, o fator de maior peso é a linguagem, ou seja, a comunicação entre os homens" (PALANGANA, p. 97). A linguagem intervém no processo de desenvolvimento humano desde o nascimento. Quando os adultos ao redor da criança nomeiam objetos, estabelecendo associações e relações para ela, a estão auxiliando na construção de formas mais complexas e sofisticadas de conceber a realidade. No dia a dia quando os pais ou outras pessoas chamam atenção da criança para objetos, fenômenos, pessoas que estão no meio ambiente próximo da criança, estão oferecendo elementos através dos quais ela organiza sua percepção. Nesta interação, "a criança é orientada na discriminação do essencial e do irrelevante podendo, posteriormente, ser capaz de exercer esta tarefa por si só, ao tentar compreender a realidade" (PALANGANA, p. 99).

Ao adquirir um sistema linguístico, este organiza todos os processos mentais da criança, dando forma ao pensamento. Além de indicar um objeto do mundo externo, as palavras também especificam as principais características desse objeto, generalizando-as para, mais adiante, relacioná-las em categorias. A linguagem sistematiza a experiência direta da criança e serve para orientar seu comportamento, propiciando-lhe condições de ser tanto sujeito como objeto deste comportamento (PALANGANA, 2001).

Os experimentos realizados por Vygotsky demonstram que a fala não apenas acompanha a atividade prática da criança, como também desempenha um papel específico na sua realização. "A criança fala enquanto age, porque esses dois fatores são igualmente importantes no esforço para atingir um objetivo" (p. 99). A ação e a fala fazem parte de uma mesma função psicológica. A fala é tão necessária quanto os olhos e as mãos, na execução de tarefas práticas. Quanto maior a complexidade da ação requerida pela situação, maior a importância da fala na operação como um todo. "Essa unidade de percepção – ação e fala –, responsável pela internalização do campo visual" (p. 99), será objeto central nos estudos voltados para a origem de formas caracteristicamente humanas de comportamento (PALANGANA, 2001).

Após os 6 anos de idade, a fala externa das crianças vai se tornando fragmentada, sendo substituída por sussurros, e torna-se interna. Através dessa internalização progressiva da fala, a criança adquire a função de autorregulação, sendo a partir de então capaz de controlar suas atividades mentais e seu comportamento. Nesta etapa, a fala determina e domina a ação, adquire então função de planejamento, além da já existente de refletir o mundo exterior. Quando tal acontece, "a criança passa a ter condições de efetuar operações complexas dentro de um universo temporal, deixando de agir apenas em função do espaço compreendido pelo campo visual" (p. 101). Uma vez dominada a função planejadora da linguagem, o campo psicológico amplia-se enormemente. A fala modifica a forma de pensar e o conhecimento do mundo em que se vive (PALANGANA, 2001).

Como pode ser percebido, para Vygotsky, a história da socialização da inteligência é definida pela história do processo de internalização da fala social. Tem-se, segundo Palangana (2001), então como síntese que o domínio da fala, que é um atributo do ser humano, permite à criança: o uso de instrumentos auxiliares; "o planejamento da ação; o controle do próprio comportamento, e ainda possibilita-lhe o acesso a uma forma de contato social privilegiada" (PALANGANA, p. 101).

Zona de desenvolvimento proximal

Vygotsky (2005) diz que a aprendizagem não é em si mesma desenvolvimento, mas uma correta organização da aprendizagem da criança vai conduzi-la ao desenvolvimento mental, ativando todo um grupo de processos de desenvolvimento e essa ativação não aconteceria sem a aprendizagem. A tarefa real de uma análise do processo educativo consiste em descobrir o aparecimento e o desaparecimento das linhas internas de desenvolvimento no momento em que se verificam, durante a aprendizagem escolar. O processo de desenvolvimento não coincide com o da aprendizagem, ele segue o da aprendizagem que cria a área de desenvolvimento potencial.

Vygotsky (1989) diz que o aprendizado das crianças começa muito antes delas frequentarem a escola. "Qualquer situação de aprendizado com a qual a criança se defronta na escola tem sempre uma história prévia" (p. 94). Um exemplo é que as crianças começam a estudar aritmética na escola, mas muito antes elas tiveram alguma experiência com quantidades, isto é, tiveram que lidar com operações de divisão, adição, subtração e determinação de tamanho. As crianças têm a sua própria aritmética pré-escolar.

O aprendizado e o desenvolvimento estão inter-relacionados desde o nascimento da criança, diz Vygotsky (1989). A diferença entre o aprendizado pré-escolar e o aprendizado escolar está no fato de o primeiro ser um aprendizado não sistematizado, e o último um aprendizado sistematizado. Porém, diz Vygotsky, a sistematização não é o único fator, existe também o fato de que o aprendizado escolar produz algo novo no desenvolvimento da criança e para elaborar as dimensões do aprendizado escolar Vygotsky desenvolve o conceito de zona de desenvolvimento proximal.

Um fato empiricamente estabelecido e bem conhecido, diz Vygotsky (1989), é que o aprendizado deve ser combinado de alguma maneira com o nível de desenvolvimento da criança. Vygotsky diz então que tem-se que determinar pelo menos dois níveis de desenvolvimento. "O primeiro nível pode ser chamado de nível de *desenvolvimento real*" (p. 95).

Esse é o nível de desenvolvimento das funções mentais da criança que se estabelece como resultado de seu desenvolvimento (ciclo) já completado.

Vygotsky (1989) observa que, quando uma criança é avaliada, geralmente se avalia seu nível de desenvolvimento real, sendo que por muito tempo os estudiosos do comportamento nunca questionaram esse fato, pois nunca consideraram que aquilo que a criança consegue fazer com a ajuda de outros poderia ser, de alguma maneira, muito mais indicativo de seu desenvolvimento mental que aquilo que consegue fazer sozinha.

Ao definir a zona de desenvolvimento proximal, Vygotsky (1989) diz:

> Ela é a distância entre o nível de desenvolvimento real, que se costuma determinar através da solução independente de problemas e o nível de desenvolvimento potencial, determinado através da solução de problemas sob a orientação de um adulto ou em colaboração com companheiros mais capazes (VYGOTSKY, p. 97).

Tem-se então, segundo Vygotsky, que a zona de desenvolvimento proximal define aquelas funções que ainda não amadureceram, mas que já estão em processo de maturação, funções que amadurecerão, mas que estão presentes em estado embrionário. O nível de desenvolvimento real caracteriza o desenvolvimento mental de forma retrospectiva, "enquanto a zona de desenvolvimento proximal caracteriza o desenvolvimento mental prospectivamente" (p. 97). Usando a zona de desenvolvimento proximal pode-se dar conta não somente dos ciclos completados, mas também daqueles processos que estão em formação, que estão apenas começando a amadurecer e a se desenvolver. O estado de desenvolvimento mental de uma criança só pode ser determinado se esses dois níveis aparecerem: o nível de desenvolvimento real e a zona de desenvolvimento proximal; pois aquilo que é a zona de desenvolvimento proximal hoje será o nível de desenvolvimento real amanhã.

Richit (2004) diz que a zona de desenvolvimento proximal (ZDP) da criança é a distância entre seu desenvolvimento real, que costuma se determinar através da solução independente de problemas, e o seu nível de desenvolvimento potencial, determinado na solução de problemas sob a orientação de um adulto ou companheiros mais capazes. De todos os conceitos propostos por Vygotsky a ZDP é o conceito que mais aplicações tem na área da educação, pois é na ZDP que deve acontecer a intervenção pedagógica do professor.

A ZDP acompanha o desenvolvimento da criança, não só no período escolar, mas desde o início de sua vida. Nesse sentido Fonseca (2008) diz que as interações entre pais e filhos (ou professores e estudantes) devem dar suporte às tentativas de resolução de problemas que se deparam à criança e ao jovem. Os pais e professores devem adotar um estilo mediatizador na interação com seus filhos e seus alunos, devem interpor-se entre as situações do mundo exterior e a criança, moldando-as e transformando-as em concordância com suas necessidades de desenvolvimento, pondo em prática a experiência de aprendizagem mediatizada.

Algumas aplicações práticas

Woolfolk (2000) dá algumas diretrizes de aplicação prática das ideias de Vygotsky aos procedimentos de sala de aula: Uma delas é adaptar o suporte às necessidades dos alunos, por exemplo: a) Quando os alunos estiverem começando tarefas ou novos tópicos, ofereça modelos, pistas, inícios de frases, orientação e avaliação, e à medida que eles aumentarem sua competência, dê menos suporte e mais oportunidade de trabalharem independente. b) Dê aos alunos escolhas quanto ao grau de dificuldade ou o grau de independência nos projetos, estimule-os a se desafiarem e a buscarem ajuda apenas quando realmente estiverem confusos.

Assegure que seus alunos tenham acesso a ferramentas de promoção do pensamento. Por exemplo, ensine seus alunos a usarem estratégias organizacionais e de aprendizagem, ferramentas de pesquisa e de linguagem (uso de dicionários, busca na internet), planilhas e programas de processamento de texto. Modele o uso de ferramentas; mostre aos alunos como você utiliza uma agenda eletrônica ou mesmo comum no seu dia a dia para fazer planos, administrar seu tempo. Utilize o diálogo e a aprendizagem em grupo, experimente, por exemplo, a orientação dos pares, ensine aos alunos como fazer boas perguntas e dar explicações úteis.

Richit (2004) ao trabalhar com as implicações da teoria de Vygotsky em ambientes mediados pelo computador diz que a função do professor na teoria vygotskyana aplicada a ambientes informatizados de aprendizagem é de vital importância. É o professor quem vai fornecer ao aluno novos signos e sistemas de símbolos que estas ferramentas apresentam, cabendo-lhe todas as responsabilidades que tal tarefa pressupõe. Também cabe ao professor a tarefa de organizar esse ambiente propiciando condições para que o grupo seja instigado a investigar, refletir e debater sobre determinados conceitos e formular novas conjecturas sobre estes.

Agindo como organizador do ambiente e de recursos oferecidos pelo software ou computador o professor estará contribuindo para que o processo de mediação entre o aluno e o objeto (conceito ou ideia) realizado pelo computador favoreça o aprendizado. Dessa maneira o professor também contribui para a ampliação da ZDP (Zona de Desenvolvimento Proximal) do aluno, na medida em que este aprende e por consequência se desenvolve (RICHIT, 2004).

Fonseca (2008) diz que os pais e professores no papel de mediatizadores devem apresentar situações às crianças com os seguintes direcionamentos: a) Focar mais o processo que as respostas; b) Colocar questões sobre o processo e extrair respostas dele; c) Comunicar entusiasmo no processo de aprendizagem, d) Solicitar justificativas e fundamentação mesmo para respostas corretas; e) Transferir princípios sobre domínios de contexto escolar e familiar; f) Extrair regras e princípios das experiências cotidianas; g) Enfatizar a ordem e a previsibilidade das situações vividas; h) Estabelecer hábitos lógicos e criar insatisfação à volta da imprecisão, da falta de evidências e da incoerência; i) Aceitar, quando possível, as respostas dos mediatizados e dos jovens, mas corrigir as respostas incoerentes ou incompletas.

8
O modelo comportametal: behaviorismo

Uma das correntes de psicologia mais conhecidas é o behaviorismo. O grande interesse pela teoria comportamental é paralelo ao número de instituições que utilizam técnicas de modificação de comportamento, mudando antes comportamentos específicos que comportamentos globais. O behaviorismo é altamente utilizado na clínica psicológica (inclusive com muitas pesquisas no Brasil), em instituições psiquiátricas, centros de detenção e também em muitas instituições escolares.

Camargo e Angélico (2004) indicam que o behaviorismo é um proposta teórica construída sob o foco do "poder das ciências naturais". Dessa maneira, tal paradigma científico, cartesiano, newtoniano, serviu de referência para a elaboração de um modelo explicativo do comportamento humano. O behaviorismo supõe que a maioria dos comportamentos do ser humano é aprendida. Grande parte do repertório de comportamentos, internos e externos, expressos ou encobertos, é construída na relação do sujeito com o ambiente.

Os comportamentos públicos ou encobertos envolvem funções de estímulo e funções de respostas, as quais dependem da bagagem genética do sujeito, da situação atual, e da história de vida desse indivíduo numa sociedade dada. Sendo que o desenvolvimento pode ser relacionado aos aspectos históricos dos eventos comportamentais e ao caráter biológico de cada indivíduo. Pensar o desenvolvimento envolve então uma análise das progressivas alterações nas relações que acontecem entre um ser biologicamente mutante e as mudanças sequenciais nos eventos promovidos pelo ambiente através de uma série de etapas temporais. Basicamente, o enfoque dado pela teoria comportamental refere-se à aprendizagem, já que estudar o desenvolvimento é o mesmo que estudar as variações nos padrões de comportamento de um sujeito em função do estágio em que se encontra e para o qual se programa contingências específicas. O desenvolvimento sustenta a aprendizagem e a aprendizagem sustenta o desenvolvimento (CAMARGO & ANGÉLICO, 2004).

Moreira (2006) diz que existem várias abordagens à teoria E-R (estímulo-resposta), algumas datando do final do século XIX. Tais abordagens são chamadas conexionistas, no sentido que supõem que todas as respostas (comportamentos observáveis) são eliciadas por estímulos, ou seja, partem da ideia de conexão entre o estímulo e a resposta do organismo. As teorias conexionistas mais antigas estão associadas aos nomes de Ivan P. Pavlov, John B. Watson e Edward L. Thorndike. Nos tempos mais recentes, os principais enfoques conexionistas foram propostos por Clark L. Hull, Edwin R. Guthrie e B.F. Skinner. Sendo que o enfoque dado por Skinner e o behaviorismo radical teve enorme influência nos procedimentos e materiais usados em sala de aula, no ensino de qualquer disciplina, principalmente nas décadas de 60 e 70 do século passado.

Skinner nasceu (1904-1990) e cresceu em Susquehanna, Pensilvânia. Desde garoto tinha fascinação por invenções mecânicas. Já adulto foi para Nova York, onde entrou na Faculdade de Psicologia de Harvard, na qual durante dois anos estudava das 6 da manhã até as 9 da noite (com intervalo para refeições e aulas). Após receber seu Ph.D. trabalhou por cinco anos na Faculdade de Medicina de Harvard, indo em 1936 lecionar na Universidade de Minnesota, e em 1938 publicou *O comportamento de organismos*. Após nove anos em Minnesota, aceitou a chefia do Departamento de Psicologia da Universidade de Indiana e, três anos depois, transferiu-se para Harvard, onde trabalhou por mais de 40 anos.

Segundo Fadiman e Frager (2002), seus antecedentes intelectuais incluíam o darwinismo, de onde retira o pressuposto de que seres humanos não são essencialmente diferentes de outros animais; Watson, que via a psicologia como um ramo puramente objetivo da ciência natural e tinha como objetivo teórico a predição e o controle dos comportamentos, e Pavlov, o fisiologista russo que realizou o primeiro trabalho moderno importante sobre o comportamento condicionado. Uma outra influência no pensamento de Skinner foi a filosofia da ciência, onde impressionou-se com as ideias de Percy Bridgeman, Ernest Mach e Jules Henri Poincaré. Para Skinner o behaviorismo é um caso especial da filosofia da ciência, pois o behaviorismo permite que questões sejam formuladas com clareza, questões para as quais podem ser encontradas respostas.

Para Skinner (apud FADIMAN & FRAGER, 2002), o comportamento, embora muito complexo, pode ser investigado como qualquer fenômeno observável, pois, desde que é um processo e não uma coisa, não pode ser imobilizado para observação. É mutável, fluido e evanescente, e em virtude disso faz grandes exigências técnicas da engenhosidade e energia dos cientistas. O comportamento é aquilo que se pode observar o organismo fazendo. A análise científica do comportamento começa pelo isolamento das partes simples de um evento complexo, de maneira que esta parte possa ser mais bem compreendida. O comportamento pode ser totalmente descrito, isto é, ele é mensurável, observável e perceptível através de instrumentos de medida.

Skinner supunha, diz Campos (2008), que o homem é neutro e passivo e que todo o comportamento pode ser descrito em termos mecanicistas. Em seu estudo do homem e dos animais, é constantemente associacionista, mecanicista, elementarista. Skinner qualifica-se como um representante contemporâneo do método indutivo. Em sua psicologia a variável dependente em uma situação é o comportamento de um organismo, já a variável independente consiste nas condições externas das quais o organismo é uma função. Isto significa que o comportamento opera no ambiente para gerar consequências. O objetivo da psicologia é predizer e controlar o comportamento individual.

Uma situação afeta ao behaviorismo é a análise funcional. A análise funcional é uma leitura dos comportamentos em termos de relações de causa e efeito. Trata todo aspecto do comportamento como uma função que pode ser descrita em termos físicos. Descrições precisas do comportamento ajudam a fazer previsões exatas de comportamentos futuros e a melhorar a análise dos reforçamentos anteriores que levaram ao comportamento. Para que o ser humano compreenda a si próprio; tem que reconhecer que seu comportamento não é casual nem arbitrário, mas é um processo contínuo e legítimo que pode ser descrito considerando o ambiente no qual o comportamento está inserido. Existe também por parte de Skinner com a predição do comportamento e seu controle, pois, se podem ser provocadas mudanças no ambiente, pode-se começar a controlar os comportamentos que nele acontecem (FADIMAN & FRAGER, 2002).

Outro aspecto do behaviorismo é que, nesta corrente de pensamento, existe uma crítica a uma série de termos e conceitos que os não behavioristas utilizam. Neste sentido homem autônomo, liberdade, dignidade e criatividade são vistos como ficções explanatórias, isto é, há um desconhecimento dos reforços que precedem ou sucedem esses comportamentos (FADIMAN & FRAGER, 2002).

Skinner (1977) diz que o sentimento de liberdade se converte num guia de conduta não muito digno de confiança logo que os supostos controladores apelam para medidas não adversas, como é provável que o façam caso seus controlados pensem em fuga ou ataque. Com relação aos valores, Skinner diz: "Talvez as coisas sejam boas (reforço positivo) ou más (reforço negativo) em razão das contingências de sobrevivência em que a espécie evolui" (p. 85). Reforços específicos, produzidos por objetos específicos, constituem herança genética a que denominamos "natureza humana". Fazer um julgamento de valor, qualificando algo de bom ou mau, é classificá-lo em termos de seus efeitos reforçadores.

Condicionamento

Recompensas e punições desempenham importante papel no dia a dia das pessoas. Os sujeitos tendem a se comportar de modo a obter recompensas e evitar punições. Em muitos casos, as ações dos sujeitos são descontinuadas ou aumentadas pelas consequências dos efeitos que os reforços produzem no comportamento. Podem-se utilizar recompensas e situações dolorosas para modificar, implantar ou extinguir comportamentos (MOREIRA, 2006).

Os condicionamentos podem ser estudados basicamente em duas situações: operantes e respondentes. O condicionamento respondente foi inicialmente estudado por Pavlov, sendo muitas vezes chamado de condicionamento pavloviano. No decurso de seu estudo da fisiologia das secreções digestivas em cães, Pavlov notou que os animais salivavam diante de outros estímulos além de alimentos. Salivavam quando viam a pessoa que os alimentava ou quando ouviam passos dessas pessoas; esse fato chamou a atenção de Pavlov, que montou um experimento onde emparelhou um estímulo neutro (uma campainha) que soava a cada vez que um prato de alimento era dado ao cão. Após aproximadamente cinquenta emparelhamentos campainha/alimento, o alimento não era oferecido, mas a campainha soava, e observou-se que o cão salivava. O emparelhamento do estímulo neutro com o estímulo incondicionado (em geral repetidas vezes), até que apareça uma resposta condicionada é chamado de aquisição, ou treinamento de aquisição, sendo a sincronização dos dois estímulos importante (DAVIDOFF, 2001).

Um segundo processo de aprendizagem comportamental é chamado de condicionamento operante ou instrumental. Campos (2008) diz que, no condicionamento operante, o estímulo importante é o que se segue imediatamente à resposta (comportamento), não o que a precede, constituindo o que Skinner chama de reforço. Qualquer resposta emitida e acompanhada do reforço é fortalecida. Um rato (privado de alimento) pressiona uma alavanca e obtém alimento. Em função disso, o rato terá maior probabilidade de pressionar a alavanca outra vez. O que mudou é a futura probabilidade de resposta semelhante à inicial.

Carrara (2004) diz que cedo Skinner identificou o condicionamento operante. Neste caso, diferente do condicionamento respondente, as respostas não são eliciadas (acontecem), mas emitidas. Ou seja, o organismo aprende, em função de sua história, que o responder diante de certo conjunto de condições tem probabilidade de ser seguido por uma consequência específica (reforço).

Um operante é condicionado quando as consequências o fortalecem ou o enfraquecem. Alguns exemplos: Toda vez que José diz uma piada, Júlio deixa a sala, ficando José sozinho; como consequência as piadas de José diminuem. (A resposta se enfraquece, pela retirada do estímulo presença, como veremos adiante.) Para ganhar um ponto na nota da professora, Adriana precisa parar de conversar com Olga durante o período de aula. Adriana parou de conversar com sua amiga Olga. As pessoas prestam atenção quando Júlia faz brincadeiras maldosas, como resultado as brincadeiras maldosas aumentam.

Tem-se então que o comportamento operante é fortalecido ou enfraquecido pelos eventos que seguem a resposta. No comportamento respondente tem-se que o mesmo é controlado por seus antecedentes, já o comportamento operante é controlado por suas consequências, isto é, pelo reforço que deve acontecer logo após a emissão da resposta.

Outro conceito importante no behaviorismo é o de punição. A punição pode ser definida como um evento que ocorre quando e somente quando um operante é enfraquecido pela consequência que o sucede. Dar palmadas ou eliminar privilégios é considerado punição somente nos casos em que enfraquece o comportamento antecedente. Fadiman e Frager (2002) dizem que punições informam somente sobre o que não fazer, ao invés de informar sobre o que fazer. Os comportamentos punidos não desaparecem, quase sempre voltam disfarçados ou ligados a novos comportamentos. Já a extinção ocorre quando o reforçador que especificamente mantinha a resposta condicionada é retirado.

Um conceito também importante dentro do behaviorismo é a modelagem. Davidoff (2001) diz que pessoas e outros animais aprendem novas respostas operantes por uma estratégia de reforçamento positivo chamado modelagem, ou método de aproximações sucessivas. No início, o treinador reforça positivamente um ato que o organismo é capaz de desempenhar, mas é apenas ligeiramente semelhante à resposta final desejada. À medida que esse comportamento é fortalecido, o professor torna-se mais seletivo. Quando a conduta está bem-estabelecida, o treinador torna-se ainda mais exigente, o processo prossegue dessa maneira até que o objetivo seja atingido.

Um exemplo que pode ser utilizado aqui é o do aprendizado, em natação, do nado *crown*, onde geralmente o instrutor ensina inicialmente a maneira como os pés devem se mover, com o aluno segurando-se à borda da piscina, após o que ensina a movimentação dos braços, em seguida a movimentação da cabeça e movimentação da mesma colocando-se dentro e fora da água, após esses aprendizados parciais, o instrutor faz com que os alunos integrem todos os movimentos, tendo então "modelado" o comportamento final esperado que é nadar no estilo *crown*.

Outro conceito importante no processo de aprendizagem dentro do behaviorismo é o de discriminação de estímulos. Bock, Furtado e Teixeira (2001) expressam que: Diz-se que se desenvolveu uma discriminação de estímulos quando uma resposta se mantém na presença de um estímulo, mas demonstra certo grau de extinção na presença de outro. Tem-se então que um estímulo adquire a possibilidade de ser conhecido como "discriminativo" da situação reforçadora. Um exemplo são os sinais da luz de um semáforo. O motorista interpreta que o vermelho está associado a parar o veículo; assim, quando vê que o sinal está vermelho, freia o veículo para que os que trafegam em outro sentido e pedestres atravessem à sua frente.

Fonseca (1999), ao relacionar aprendizagem e discriminação, estabelece que a noção de discriminação coloca-nos diante de um problema de processamento de informações e de decodificação; quando estão em causa pares de estímulos exigindo, por consequência, por si sós, um princípio lógico de comparação, quando dois estímulos são semelhantes acontece uma identificação, já quando dois estímulos são diferentes dá-se uma discriminação.

Já na generalização de estímulos, um estímulo adquire controle sobre uma resposta devido ao reforço na presença de um estímulo similar, mas diferente. Davidoff (2001) relata que a generalização de estímulos ocorre quando uma resposta condicionada difunde-se por objetos similares ao estímulo condicionado ou por aspectos da situação na qual a resposta foi inicialmente condicionada.

Outra maneira de aprender está ligada à aprendizagem por observação. Davidoff (2001) considera que a modificação de comportamento de forma relativamente permanente, em consequência da observação das ações de uma terceira pessoa, é conhecida como aprendizagem por observação (modelagem, imitação ou aprendizagem social). Um pesquisador pioneiro, Bandura (apud DAVIDOFF, 2001) acredita que qualquer coisa que possa ser aprendida diretamente pode ser também aprendida pela observação de outras pessoas. A observação de outros abrevia a aprendizagem. Se tivesse que se basear exclusivamente nas próprias ações para aprender, a grande maioria das pessoas não sobreviveria ao processo de aprendizagem.

A aprendizagem por observação requer quatro fases, de acordo com Bandura (apud DAVIDOFF, 2001): 1) Aquisição – O aprendiz observa o modelo e reconhece as características distintivas de sua conduta ou comportamento. 2) Retenção – As respostas dadas pelo modelo são ativamente armazenadas na memória. 3) Desempenho – Se o aprendiz aceita o comportamento do modelo como apropriado e passível de levar a consequências valorizadas, então reproduz esse comportamento. 4) Consequências – A conduta do aprendiz resulta em consequências que virão a fortalecer ou enfraquecer a resposta. Dito de outra forma, ocorre o condicionamento operante.

Escola: visão comportamental

Existem diferentes agências educacionais que adotam maneiras peculiares de controlar o comportamento, dependendo do comportamento que pretendem instalar e manter, sendo a escola uma dessas agências. Num primeiro momento deve-se lembrar que a educação é uma profissão que seus membros (professores) executam em troca de reforçamento econômico, social e ético, liberado por diferentes grupos sociais. A escola, por sua vez, mantém, conserva e em parte modifica os padrões de comportamentos aceitos como úteis e desejáveis pela cultura vigente (NERI, apud PENTEADO, 1986).

Os comportamentos dos alunos são instalados e mantidos por reforçadores arbitrários e condicionados. Grande parte dos reforçadores como, por exemplo, notas, graus, pontos, elogios, reconhecimento dos professores e dos colegas, além de prestígio, são associados a reforçadores generalizados e remotos, como a aprovação final ou diploma. A escola comumente acena para o aluno com a possibilidade de escapar da ignorância, ganhar dinheiro, adquirir *status* social, como consequências desejáveis e longínquas do estudar. A escola é também uma agência liberadora de contingências aversivas e de punição para comportamentos adequados e inadequados do aluno. Sendo pouco frequente em muitas escolas o reforçamento da competência ou dos pequenos passos para se chegar até ela, de maneira que ao final do processo o aluno se comporte de forma naturalmente mais hábil e adequada (NERI, apud PENTEADO, 1986).

Nossa tradição em educação determina uma ação voltada para o saber e o conhecimento, termos difíceis de definir de forma operacional e que mantêm uma ligação estreita com o comportamento verbal, que é instalado e mantido em função de sua própria história de condicionamento. Segundo Skinner (apud NERI, 1986), raramente a escola tem se voltado para o estabelecimento dos comportamentos de resolver problemas, pensar e emitir respostas novas. Ao contrário, a emissão de intraverbais controlados pelo próprio sujeito (pensar), o rearranjo de eventos-estímulo da situação-problema pelo sujeito, com via a facilitar a obtenção do reforçador (resolução de problemas) e a emissão de respostas novas pelo rearranjo de repertórios anteriormente adquiridos (que denotam originalidade) são comportamentos em geral atribuídos a talento, capacidades e/ou motivações especiais, de qualquer maneira correndo por conta e risco do estudante.

Segundo Neri (1986) ensinar seria arranjar ou dispor contingências para a aprendizagem eficaz, onde o professor seria, alternativa ou simultaneamente, dependendo de sua formação, um planejador, um liberador e um analista de contingências; ou um engenheiro comportamental.

Alguns passos descritos por Neri (1986) devem ser seguidos: 1) Especificar os objetivos do curso; 2) Envolvimento ativo do estudante; 3) Controle de contingências; 4) Avaliações constantes e informações (*feedback*) sobre o desempenho dos alunos; 5) Apresentação do material a ser aprendido em pequenas doses; 6) Exigência de domínio do conteúdo já aprendido antes de prosseguir, preferência pelo uso de materiais escritos; e 7) Respeito ao ritmo individual do aluno.

Skinner é provavelmente o grande precursor do ensino a distância e da utilização do computador no ensino. Uma de suas grandes propostas quanto ao ensino é o ensino programado como modo de apresentar materiais educativos. Em sua forma mais comum o aluno senta-se diante de uma "máquina de ensinar", onde lhe é apresentada uma construção ou afirmação, e o estudante responde (escrevendo); a resposta correta é então mostrada ao aluno e este verifica se sua resposta está correta. O *feedback* ocorre antes de aparecer a afirmação seguinte, e, à medida que o estudante vai respondendo corretamente, passa a questões de maior complexidade.

Moreira (2006) defende que provavelmente a mais clara manifestação do comportamentalismo de Skinner no ensino em sala de aula tenha sido a ênfase na definição operacional de objetivos, típica dos anos 70 do século passado. O ensino era organizado a partir de objetivos claramente definidos, precisamente definidos, que explanavam com exatidão aquilo que o aluno deveria ser capaz de fazer, e sob quais condições, após receber as instruções correspondentes. Tais objetivos eram os comportamentos que os alunos deveriam exibir ou executar após a instrução. Quando eram exibidos tais comportamentos, tal fato era tomado como evidência de que o ensino havia sido eficaz.

No modelo tecnológico de ensino, o pensamento behaviorista contribui decisivamente para a formação de um corpo ideológico e de um quadro de referência teórico, científico e técnico, especifica Silva (2005). Tanto no nível das tarefas a realizar como no da escolha dos instrumentos, ao apontar normas de ação, o discurso pedagógico absorveu as planificações e programas de ensino-aprendizagem. O currículo é todo ele, dentro desta perspectiva, um modelo tecnológico e comportamental, sendo que dentro desta perspectiva o corpo docente fica reduzido a um mero papel técnico, encarregado de atingir metas e objetivos previstos pelos programas de ensino elaborados por especialistas e políticos.

Referências

ALMEIDA, A.V. & FALCÃO, J.T.R. Piaget e as teorias da evolução orgânica. *Psicologia: Reflexão e Crítica*, 21 (3), p. 525-532, 2008.

ALMEIDA, D.B.L. Sobre brinquedo e infância: aspectos da experiência e da cultura do brincar. *Educação e Sociedade*, 27(95), p. 541-551, 2006.

ALTMANN, H. Educação sexual e primeira relação sexual: entre expectativas e prescrições. *Estudos Feministas*, 15 (2), 2007.

ALVES, P.R. Divisão do trabalho em Durkheim, Marx e Weber. *Revista Diálogos Interdisciplinares*, vol. 3, n. 1, 2014.

ANDRADE, Â.N. & NOVO, H.A. Eles ficam, nós namoramos – Algumas reflexões sobre a adolescência. In: NOVO, H.A. & MENANDRO, M.C.S. (orgs.). *Olhares diversos*: estudando o desenvolvimento humano. Vitória: Ufes, 2000.

ANTUNES, D.C. & ZUIN, A.Á.S. Do *bullying* ao preconceito: os desafios da barbárie à educação. *Psicologia e Sociedade*, 20 (1), 2008.

ASSOUN, P.-L. *O olhar e a voz: lições psicanalíticas sobre o olhar e a voz* – Fundamentos da clínica à teoria. Rio de Janeiro: Companhia de Freud, 1999.

BAHLS, S.-C. Aspectos clínicos da depressão em crianças e adolescentes. *Jornal de Pediatria*, 78 (5), 2002.

BEAR, M.F.; CONNORS, B.W. & PARADISO, M.A. *Neurociências*: desvendando o sistema nervoso. 2. ed. Porto Alegre: Artmed, 2002.

BELLONI, M.L. Infância, máquinas e violência. *Educação e Sociedade*, 25 (87), p. 575-598, 2004.

BLEICHMAR, H. *Introdução ao estudo das perversões* – Teoria do Édipo em Freud e Lacan. Porto Alegre: Artes Médicas, 1988.

BOCK, A.M.; FURTADO, O. & TEIXEIRA, M.L.T. *Psicologias* – Uma introdução ao estudo da psicologia. 13. ed. São Paulo: Saraiva, 2001.

BUCHALLA, A.P. A juventude em rede. *Revista Veja*, 2.100 (7), 2009.

CABAS, A.G. *Curso e discurso na obra de Jacques Lacan*. São Paulo: Moraes, 1982.

CAMARGO, E.P. & ANGÉLICO, A.P. O desenvolvimento e a aprendizagem: diferentes abordagens que visam auxiliar o professor em sua prática pedagógica. *Revista Humanidades*, 6 (51), p. 51-77, 2004.

CAMPOS, D.M.S. *Psicologia da aprendizagem*. Petrópolis: Vozes, 2008.

CAPUTO, V.G. & BORDIN, I.A. Problemas de saúde mental entre jovens grávidas e não grávidas. *Revista Saúde Pública*, 41 (4), 2007.

CAPUTO, V.G. & BORDIN, I.A. Gravidez na adolescência e uso frequente de álcool e drogas no contexto familiar. *Revista Saúde Pública*, 42 (3), 2008.

CARDOSO, A. Juventude, trabalho e desenvolvimento: elementos para uma agenda de investigação. *Caderno CRH*, Salvador, vol. 26, p. 293-314, mai.-ago./2013.

CARRARA, K. *Introdução à psicologia da educação*. São Paulo: Avercamp, 2004.

CARRARA, K. Behaviorismo, análise do comportamento e educação. In: CARRARA, K. (org.). *Introdução à psicologia da educação*: seis abordagens. São Paulo: Avercamp, 2004.

CASTRO, P.F. Reflexões em psicologia e ciência: uma análise de pesquisa aplicada à psicologia clínica. *Psicologia: Teoria e Prática*, 1 (1), 3-33, 1999.

CONTE, M.; HENN, R.C.; OLIVEIRA, C.S. & WOLFF, M.P. "Passes" impasses: adolescência drogas – Lei. *Revista Latino-americana de Psicopatologia Fundamental*, 11 (4), 2008.

CRAIK, K.H. Personality research methods: an historical perspective. *Journal of Personality*, 54 (1), p. 19-41, 1986.

DAVIDOFF, L.L. *Introdução à Psicologia*. 3. ed. São Paulo: Makron Books, 2001.

DAVIS, C. & OLIVEIRA, Z. *Psicologia na educação*. São Paulo: Cortez, 1994.

DAZINGER, K. *Construting the Subject* – Historical origens of psicological research. Cambridge: Cambridge University Press, 1990.

DEBERT, G. & BRIGEIRO, M. Fronteiras de gênero e a sexualidade na velhice. *RBCS*, vol. 27, n. 80, out./2012.

DELGADO, A.C.C. & MÜLLER, F. Em busca de metodologias investigativas com as crianças e suas culturas. *Cadernos de Pesquisa*, 35 (125), p. 161-179, 2005.

ENRIQUEZ, E. *Da horda ao Estado* – Psicanálise do vínculo social. Rio de Janeiro: Zahar, 1999.

FADIMAN, J. & FRAGER, R. *Teorias da personalidade*. São Paulo: Harbra, 2002.

FARR, R.M. *As raízes da psicologia social moderna*. 6. ed. Petrópolis: Vozes, 2004.

FÁVERO, M.H. *Psicologia e conhecimento* – Subsídios da psicologia do desenvolvimento para a análise de ensinar e aprender. Brasília: UnB, 2005.

FERNANDES, M.G.M. Papéis sociais de gênero na velhice: o olhar de si e do outro. *Revista Brasileira de Enfermagem*, Brasília, 62 (5), p. 705-710, 2009.

FERNANDES, M.G.M. & GARCIA, L.G. O sentido da velhice para homens e mulheres idosos. *Saúde Soc.*, vol. 19, n. 4, p. 771-783, 2010.

FERREIRA, V.R.T. Psicoterapia e Pós-modernidade: problemas da subjetividade e da psicologia clínica no contemporâneo. *Revista de Psicologia da UNC*, 2 (2), p. 128-133, 2005.

FIORI, W.R. Desenvolvimento emocional. In: RAPPAPORT, C.R.; FIORI, W.R. & DAVIS, C. *Psicologia do desenvolvimento* – A idade pré-escolar. São Paulo: EPU, 1981.

FONSECA, V. *Cognição, neuropsicologia e aprendizagem*: abordagem neuropsicológica e psicopedagógica. 2. ed. Petrópolis: Vozes, 2008.

FREUD, S. (1905-1980). Três ensaios sobre sexualidade. *Edição standard brasileira das obras completas de Sigmund Freud*. Rio de Janeiro: Imago, 1980.

FREUD, S. (1908-1980). Caráter e erotismo anal. *Edição standard brasileira das obras completas de Sigmund Freud*. Rio de Janeiro: Imago, 1980.

FREUD, S. (1915-1980). Os instintos e suas vicissitudes. *Edição standard brasileira das obras completas de Sigmund Freud.* Rio de Janeiro: Imago.

FUNDAÇÃO ESCOLA DO SERVIÇO PÚBLICO. *Jornal "Extra"* (2007). Escola e família – Dez problemas atuais sobre o relacionamento professores/pais/comunidade, 2007.

GONÇALVES, H. & KNAUTH, D.R. Aproveitar a vida, juventude e gravidez. *Revista de Antropologia Social*, 49 (2), 2006.

GONZÁLES REY, F.L. *Sujeito e subjetividade:* uma aproximação histórico-cultural. São Paulo: Pioneira Thomson Learning, 2003.

GOULART, I.B. *Piaget* – Experiências básicas para utilização pelo professor. 22. ed. Petrópolis: Vozes, 2005.

GRIGOROWITSCHZ, T. O conceito de "socialização" caiu em desuso? – Uma análise dos processos de socialização na infância com base em Georg Simmel e George H. Mead. *Educação e Sociedade*, 29 (102), p. 33-54, 2008.

GULLESTAD, M. Infâncias imaginadas: construções do eu e da sociedade nas histórias de vida. *Educação e Sociedade*, 26 (91), p. 509-534, 2005.

GUTZ, L. & CAMARGO, B.V. Espiritualidade entre idosos mais velhos: um estudo de representações. *Revista Brasileira de Geriatria e Gerontologia*, Rio de Janeiro, 16 (4), p. 793-804, 2013.

HANNS, L. *Dicionário Comentado do Alemão de Freud.* Rio de Janeiro: Imago, 1996.

HEYWOOD, C. *Uma história da infância: da Idade Média à época contemporânea no Ocidente.* Porto Alegre: Artmed, 2004.

IRIGARAY, T.Q. & SCHNEIDER, R.H. Participação de idosas em uma universidade de terceira idade: motivos e mudanças ocorridas. *Psicologia: Teoria e Pesquisa*, vol. 24, n. 2, p. 211-216, 2008.

JUSTO, J.S. A psicanálise lacaniana e a educação. In: CARRARA, K. (org.). *Introdução à psicologia da educação*: seis abordagens. São Paulo: Avercamp, 2004.

JUSTO, J.S. O "ficar" na adolescência e paradigmas de relacionamento amoroso da contemporaneidade. *Revista do Departamento de Psicologia* – UFF, 17 (1), p. 61-77, 2005.

KHOAN, W.O. Infância e educação em Platão. *Educação e Pesquisa I*, 29 (1), p. 11-26, 2003.

KOCK, S. The nature and limits of psychological knowledge – Lessons of a century qua "science". *American Psychologist*, 36 (3), p. 257-269, 1981.

KUZNETZOFF, J.C. *Introdução à psicopatologia psicanalítica*. 8. ed. Rio de Janeiro: Nova Fronteira. 1994.

LAZARUS, R.S. *Estrés y emocion* – Manejo e implicaciones en nuestra salud. Bilbao: Desclée de Brouwer, 2000.

LEITÃO, C.F. & NICOLACI-DA-COSTA, A.M. Psychology in the new world context. *Estudos de Psicologia*, 8 (3), 2003.

LEVANDOWSKI, D.C. & PICCININI, C.A. Expectativas e sentimentos em relação à paternidade entre adolescentes e adultos. *Psicologia: Teoria e Pesquisa*, 22 (1), 2006.

LIMA, M.E.A.T. Análise do discurso e/ou análise do conteúdo. *Psicologia em Revista*, 9 (13), p. 76-88, 2003.

LIMA e SILVA, V.X.; MARQUES, A.P.; LYRA, J.; MEDRADO, B.; LEAL. M.C.C. & RAPOSO, M.C.F. Satisfação sexual entre homens idosos usuários de atenção primária. *Saúde Soc.*, São Paulo, vol. 21, n. 1, p. 171-180, 2012.

LORDELO, L.R.; BASTOS, A.C.S. & ALCÂNTARA, M.A.R. Vivendo em contexto de violência: o caso de um adolescente. *Psicologia em Estudo*, 7 (2), 2002.

LUQUE, A. & PALÁCIOS, J. Inteligência sensório-motora. In: COLL, C.; PALÁCIOS, J. & MARCHESI, Á. *Desenvolvimento psicológico e educação*. Porto Alegre: Artmed, 2004.

LUZ, M.M.C. & AMATUZZI, M.M. Vivências de felicidade de pessoas idosas. *Estudos de Psicologia*, Campinas, vol. 25 (2), p. 303-307, abr.-jun./2008.

MARCONDES, D. *Iniciação à história da filosofia*: dos présocráticos a Wittgenstein. Rio de Janeiro: Zahar, 2005.

MARTÍ, E. Inteligência pré-operatória. In: COLL, C.; PALÁCIOS, J. & MARCHESI, Á. *Desenvolvimento psicológico e educação*. Porto Alegre: Artmed, 2004.

MEIRA, A.M. Benjamin, os brinquedos e a infância contemporânea. *Psicologia & Sociedade*, 15 (2), 74-78, 2003.

MELLO, F.A.F. (2002). *O desafio da escolha profissional*. Campinas: Papirus, 2002.

MENANDRO, P.R.; MENANDRO, M.C.S.; VASCONCELOS, C.S.; OLIVEIRA, P.C.; ESTEVES, J.R. & PEREIRA, M.T. Características de atividades cotidianas de adolescentes e adultos de ambos os sexos. In: NOVO, H.A. & MENANDRO, M.C.S. (org.). *Olhares diversos* – Estudando o desenvolvimento humano. Vitória: Ufes, 2000.

MOLLO-BOUVIER, S. Transformação dos modos de socialização das crianças: uma abordagem sociológica. *Educação e Sociedade*, 29 (91), p. 391-403, 2005.

MONTANDON, C. As práticas educativas parentais e a experiência das crianças. *Educação & Sociedade*, 26 (91), p. 485-507, 2005.

MONTEIRO, A.M. Repercussões do paradigma pós-moderno na pesquisa de relacionamentos conjugais. *Psicologia, Ciência e Profissão*, 20 (2), p. 38-45. 2000.

MONTOYA, A.O.D. Apud CARRARA, K. *Introdução à psicologia da educação*. São Paulo: Avercamp, 2004.

MOREIRA, A.S. Cultura midiática e educação infantil. *Educação e Sociedade*, Campinas, 24 (85), p. 1.203-1.235, 2003.

MOREIRA, J.O. Imaginários sobre aposentadoria, trabalho, velhice: estudo de caso com professores universitários. *Psicologia em Estudo*, Maringá, vol. 16, p. 541-550, out.-dez., 2011.

MOREIRA, M.A. *Teorias de aprendizagem*. São Paulo: EPU, 2006.

MOREIRA, T.M.M.; VIANA, D.S.; QUEIROZ, M.V.O. & JORGE, M.S.B. Conflitos vivenciados pelas adolescentes com a descoberta da gravidez. *Revista da Escola de Enfermagem – USP*, 42 (2), 2008.

MORETTO, V.P. *Construtivismo – A produção do conhecimento em aula*. Rio de Janeiro: DP&A, 2003.

MULLER, M. *Orientação vocacional – Contribuições clínicas e educacionais*. Porto Alegre: Artes Médicas, 1988.

NERI, A.L. O modelo comportamental aplicado ao ensino. In: PENTEADO, W.M.A. *Psicologia e ensino*. São Paulo: Papelivros, 1986.

PALÁCIO, N.D.; OCHOA, D.A.R; TRUJILLO, C.J.S.; RODRIGUEZ, A.E.S. & CASTELLANOS, M.S. História paralela de la psicología clínica: um rastreo teórico-histórico. *Informes Psicológicos*, 9, p. 135-148, 2007.

PALANGANA, I.C. *Desenvolvimento e aprendizagem em Piaget e Vygotsky* – A relevância do social. São Paulo: Summus, 2001.

PEREIRA, C.S. Os *wanabees* e suas tribos: adolescência e distinção na internet. *Estudos Feministas*, 15 (2), 2007.

PEREIRA, R.M.R. Infância, televisão e publicidade: uma metodologia de pesquisa em construção. *Cadernos de Pesquisa*, 115, p. 235-264, 2002.

PIAGET, J. *Seis estudos de psicologia*. Rio de Janeiro: Forense Universitária, 2003.

PIRES, S.F.S. & BRANCO, Â.U. Protagonismo infantil: co-construindo significados em meio às práticas sociais. *Paideia*, 17 (38), p. 311-320, 2007.

POCAHY, F. A velhice como performativo – Dissidências (homo)eróticas. *Ex Aequo*, n. 26, p. 43-56, 2012.

POLANCZYK, G.V.; ZAVASCHI, M.L.; BENETTI, S.; ZENKER, R. & GAMMERMAN, P.W. Violência sexual e sua prevalência em adolescentes de Porto Alegre. *Revista Saúde Pública*, 37 (1), 2003.

PRESTELO, E.T.; UZIEL, A.P.; OSWALD, A.P. & MANCEBO, D. Cuidar do humano: Uma preocupação pós-moderna? *Estudos e Pesquisa em Psicologia*, 5 (1), 2005.

QUILES, M. *Neuroses*. 2. ed. São Paulo: Ática, 1995.

RABELLO, E.T. & PASSOS, J.S. *Vygotsky e o desenvolvimento humano* [Disponível em http://www.josesilveira.com – Acesso em 12/06/2009].

RAPPAPORT, C.R.. Desenvolvimento cognitivo. In: RAPPAPORT, C.R.; FIORI, W.R. & DAVIS, C. *Psicologia do desenvolvimento* – A idade pré-escolar. Vol. 3. São Paulo: EPU, 1981.

REBOUÇAS, M.; MATOS, M.R.; RAMOS, L.R. & CACÍLIO, L.C.O. O que há de novo em ser velho. *Saúde Soc.*, São Paulo, vol. 22, n. 4, p. 1.226-1.235, 2013.

REGO, T.C. *Vygotsky*: Uma Perspectiva Histórico-Cultural da Educação. 19. ed. Petrópolis: Vozes, 2008.

RICHIT, A. Implicações da teoria de Vygotsky aos processos de aprendizagem e desenvolvimento em ambientes mediados pelo computador. *Perspectiva*, 28, p. 21-32, 2004.

SANDIN, B. Imagens em conflito: infâncias em mudança e o Estado de Bem-estar social na Suécia – Reflexões sobre o século da criança. *Revista Brasileira de História*, São Paulo, 19 (37), 1999.

SANTOS, D.K. & LAGO, M.C.S. Estilísticas e estéticas do homoerotismo na velhice: narrativas de si. *Revista Latinoamericana*, n. 15, p. 113-147, dez./2015.

SEBER, M.G. *Psicologia do pré-escolar*: uma visão cognitivista. São Paulo: Moderna, 1997.

SILVA, F.G. & DAVIS, C. Conceitos de Vygotsky no Brasil – Produção divulgada nos cadernos de pesquisa. *Cadernos de Pesquisa*, 34 (123), p. 633-666, 2004.

SILVA, J.M. Um berço para o homem e o legado skinneriano da educação: do behaviorismo a um novo paradigma para a sociedade do conhecimento. *Instituto Politécnico da Guarda* [Disponível em www.Ipgt.pt – Acesso em mai./2009].

SILVA, L.R.F. Da velhice à terceira idade: o percurso histórico das identidades atreladas ao processo de envelhecimento.

História, Ciências, Saúde – Manguinhos, Rio de Janeiro, vol. 15, n. 1, p. 155-168, jan.-mar./2008.

SKINNER, B.F. *O Mito da Liberdade*. 3. ed. Rio de Janeiro: Bloch, 1997.

SOARES, H.L.R.; GONÇALVES, H.C.B. & WERNER JR., J. Cérebro e o uso de drogas na infância e adolescência. *Fractal: Revista de Psicologia*, vol. 22, n. 3, p. 639-640, 2010.

SOUZA, C.S. & RODRÍGUEZ-MIRANDA, F.P. Envelhecimento e educação para resiliência no idoso. *Educação e Realidade*, Porto Alegre, vol. 40, n. 1, p. 33-51, jan.-mar./2015.

SOUZA, É.R. Marcadores sociais da diferença e infância: relações de poder no contexto escolar. *Cadernos Pagu*, 26, p. 169-199, 2006.

TAVARES, H. *Cyberbulling* na adolescência. *Nascer e Crescer – Revista de pediatria do Centro Hospitalar do Porto*, vol. XXI, n. 3, 2012.

TEIXEIRA, E.S. A questão da periodização do desenvolvimento psicológico em Wallon e em Vygotsky: alguns aspectos das duas teorias. *Educação e Pesquisa*, 29 (2), p. 235-248, 2003.

TEIXEIRA, E.S. A censura imposta a Vygotsky e seus colegas na União Soviética entre 1936 e 1956: o decreto da pedologia. *In Pauta*, 2, p. 222-244, 2004.

TELES, M.L.S. *Psicodinâmica do desenvolvimento humano –* Uma introdução à psicologia da educação. 9. ed. Petrópolis: Vozes, 2001.

RAUP, L.; MILNITSKY, S. Reflexões sobre concepções e práticas contemporâneas das políticas públicas para adolescência: o caso da drogadição. *Saúde e Sociedade*, 14 (2), 2005.

RIBEIRO, J.S.B. "Brincar de osadia": sexualidade e socialização infantojuvenil no universo de classes populares. *Cadernos de Saúde Pública*, 19 (2), p. 345-353, 2003.

SALLES, L.M.F. Infância e adolescência na sociedade contemporânea: alguns apontamentos. *Estudos de Psicologia*, Campinas, 22 (1), p. 33-41, 2005.

SANTOS, D.B. & SILVA, R.C. Sexualidade e normas de gênero em revistas para adolescentes brasileiros. *Saúde e Sociedade*, 17 (2), p. 22-34, 2008.

SANTOS, S.R. & SCHOR, N. Vivências da maternidade na adolescência precoce. *Revista Saúde Pública*, 37 (10), 2003.

SARRIERA, J.C.; TATIM, D.C.; COELHO, R.P.S. & BÜSKER, J. Uso do tempo livre por adolescentes de classe popular. *Psicologia: Reflexão e Crítica*, 20 (3), p. 361-367, 2006.

TELES, M.L.S. *Psicodinâmica do desenvolvimento humano*. 9 ed. Petrópolis: Vozes, 2001.

UNIVERSIDADE FEDERAL DO PARANÁ/Núcleo de Análise do Comportamento. *Bullyng*. In: *Gazeta do Povo* [acesso em 27/02/2009].

VYGOTSKY, L.S. *A formação social da mente*. 3. ed. São Paulo: Martins Fontes, 1989.

VYGOTSKY, L.S. Aprendizagem e desenvolvimento intelectual na idade escolar. In: LEONTIEV, A. et al. *Psicologia e pedagogia* – Bases psicológicas da aprendizagem e desenvolvimento. São Paulo: Centauro, 2005.

WAGNER, A.; CARPENEDO, C.; MELO, L.P. & SILVEIRA, P.G. Estratégias de comunicação familiar: a perspectiva dos filhos adolescentes. *Psicologia: Reflexão e Crítica*, 18 (2), 2005.

WOOLFOLK, A.E. *Psicologia da educação*. 7. ed. Porto Alegre: Artmed, 2000.

ZAMBERLAN, M.A.T.; FREITAS, M.G.; FUKAHORI, L. & NOVAIS, D.S. Relações familiares e adolescência. In: ZAMBERLAN, M.A.T. (org.). *Psicologia e prevenção – Modelos de intervenção na infância e adolescência*. Londrina: Eduel, 2003.

ZANOLLA, S.R.S. Indústria cultural e infância – Estudo sobre a formação de valores em crianças no universo do jogo eletrônico. *Educação e Sociedade*, 28 (101), p. 1.329-1.350, 2007.

ZORNIG, S.M.A.A. As teorias sexuais infantis na atualidade: algumas reflexões. *Psicologia em Estudo*, 13 (1), p. 73-77, 2008.

Conecte-se conosco:

f facebook.com/editoravozes

⟨instagram⟩ @editoravozes

X @editora_vozes

▶ youtube.com/editoravozes

⟨whatsapp⟩ +55 24 2233-9033

www.vozes.com.br

Conheça nossas lojas:

www.livrariavozes.com.br

Belo Horizonte – Brasília – Campinas – Cuiabá – Curitiba
Fortaleza – Juiz de Fora – Petrópolis – Recife – São Paulo

  Vozes de Bolso

EDITORA VOZES LTDA.
Rua Frei Luís, 100 – Centro – Cep 25689-900 – Petrópolis, RJ
Tel.: (24) 2233-9000 – E-mail: vendas@vozes.com.br